NOTES

SUR LE

TRAVAIL DES LAINES CARDÉES

Hommage à Monsieur le [illegible] du Conseil de l'ordre maçonnique de France
L. Simon

NOTES

SUR LE

TRAVAIL DES LAINES CARDÉES

NATURE DES LAINES,
DÉGRAISSAGE, LAVAGE, ÉPAILLAGE, TEINTURE, MÉLANGES,
ENSIMAGE, LOUVETAGE, CARDAGE,
FILATURE, OPÉRATIONS PRÉLIMINAIRES DU TISSAGE, TISSAGE, APPRÊTS.

PAR

L. SIMON
Ancien ingénieur mécanicien, A. et M.
Membre de la Société des Ingénieurs civils
Professeur de technologie industrielle à l'Ecole française
de Bonneterie de Troyes.

Ouvrage honoré de souscriptions des Ministères du Commerce et de l'Industrie, de la Guerre, et de la Marine.

Extrait du *Bulletin technologique* (N° 8 — Août 1888)
de la Société des Anciens Élèves
des Écoles nationales d'Arts et Métiers.

PARIS
IMPRIMERIE ET LIBRAIRIE CENTRALES DES CHEMINS DE FER
IMPRIMERIE CHAIX
SOCIÉTÉ ANONYME AU CAPITAL DE SIX MILLIONS
Imprimeur de la Société
Rue Bergère, 20
1888

NOTES

SUR LE

TRAVAIL DES LAINES CARDÉES

PREMIÈRE PARTIE

Opérations préliminaires. — Filature. — Tissage. Apprêts.

Les laines, employées à la fabrication des draps, ont été tondues sur des moutons vivants, ou bien elles proviennent d'animaux tués, ou morts de maladies.

L'état d'infériorité de ces dernières, par rapport aux autres, est aggravé plus ou moins par les procédés employés dans le but de les séparer des peaux.

L'eau de chaux, dont on se sert quelquefois, a l'inconvénient d'énerver les fibres.

Les laines d'agneaux sont moins fortes que les autres.

Toutes les espèces de laines peuvent être classées dans une de ces trois catégories :

Les laines mérinos,

Les laines métis.

Les laines communes.

Il y a naturellement un grand choix à faire parmi chacune de ces sortes de laines, qui sont fournies en proportions diverses par les différents pays producteurs.

On divise aussi les laines, en laines longues et en laines courtes, suivant que leurs filaments ont en longueur plus ou moins de douze centimètres.

Les laines longues ont moins de fibres que les laines courtes, elles ont aussi moins de propriétés feutrantes.

On les emploie à la fabrication des tissus non foulés dont les fils, souvent très fins, doivent rester bien visibles et être, par conséquent, aussi parfaits que possible.

Les préparations spéciales à ce genre de laines sont le peignage et les étirages.

Elles sont pratiquées en France dans les régions du Nord et du Nord-Est, à Roubaix, Tourcoing, Fourmies, Wignehies, Amiens, Reims, Saint-Quentin, etc.

Les usines où elles se pratiquent portent les noms de peignages, ou de filatures; elles occupent un grand nombre, d'ouvriers, et elles représentent une branche très importante de notre industrie nationale.

Les laines courtes sont employées à la fabrication de fils, dont la finesse n'est jamais poussée à l'extrême, et à l'aide desquels on forme des tissus qui ont besoin d'être légèrement feutrés par le foulage, pour acquérir la consistance et l'aspect qui leur sont nécessaires.

Dans le but de leur laisser toutes leurs qualités feutrantes, on évite, en les travaillant, d'employer les étirages, qui parallélisent trop les brins et les énervent.

Outre les opérations du dégraissage, du lavage de la teinture et de l'ensimage, qui sont communes aux deux sortes de laines, le travail des laines courtes comporte le cardage, qui est une de ses parties les plus importantes, et qui vaut à ces laines le nom de laines cardées, sous lequel elles sont ordinairement désignées.

C'est donc à celles-ci que se rapportent les opérations qui vont être décrites, et dont voici d'abord l'énumération (1) :

1° Le dégraissage, qui débarrasse la laine d'une matière grasse, nommée suint, sécrétée par le corps du mouton.

Cette opération est quelquefois préparée par un lavage à dos, pratiqué avant la tondaison.

Elle est, dans tous les cas, suivie et complétée par un lavage à grande eau qui met les laines en état de recevoir une nuance convenable par l'opération de la teinture qui a lieu ensuite.

Il faut cependant faire une exception à l'égard des draps noirs, qui sont généralement teints en pièces.

Les laines teintes sont à nouveau lavées, puis débarrassées de leur humidité par le séchage.

Elles sont ensuite soumises au battage, qui les sépare des poussières qu'elles contenaient, mais qui ne peut leur retirer certaines matières végétales, telles que graines, brins de bois et de paille, brins de chardons, graterons, etc., autour desquelles leurs filaments se sont enroulés, et dont il faut les débarrasser.

On y parvient en pratiquant l'épaillage chimique, ou bien à l'aide de l'échardonnage.

Dans le premier cas, les laines, aussitôt après le premier lavage, c'est-à-dire avant la teinture, sont placées dans un bain fait d'un acide convenablement étendu d'eau, qui détruit les substances végétales, tout en ne devant pas attaquer les laines.

Un séchage à haute température vient ensuite réduire les débris de végétaux en poussières, qui vont être expulsées par le battage.

Quand l'épaillage chimique n'a pas été pratiqué, on enlève

---

(1) Pour les laines peignées, et en général pour tous les textiles, nous ne saurions faire mieux que d'indiquer le *Traité de filature et de tissage*, par M. L. Bipper. Reims 1887.

mécaniquement les substances végétales, après l'opération du battage, à l'aide d'une machine nommée échardonneuse.

Les laines de qualités et provenances diverses, ayant été ainsi épurées, sont mélangées entre elles dans des proportions convenables, puis arrosées d'eau et d'huile saponifiable.

Cette dernière opération, que l'on nomme ensimage, donne de la souplesse aux filaments et facilite beaucoup les opérations qui suivent.

A cette époque du travail, les filaments sont encore enchevêtrés, et forment de grosses mèches compactes.

Le louvetage, qui se pratique alors, a pour but de les ouvrir, et de contribuer au mélange des différentes sortes employées, préparant ainsi les laines pour le cardage.

Celui-ci rend d'abord leur mélange plus intime ; ensuite il les transforme en une série de cordons veules, auxquels leur forme a fait donner le nom de boudins, qui sont livrés au filage, opération par laquelle on les transforme en fils.

Ceux-ci sont classés en deux grandes catégories, les fils de chaîne et les fils de trame.

Les premiers sont, après le filage, disposés sur des bobines dont l'emploi facilite l'ourdissage des chaînes.

Les fils de trame sont disposés pour pouvoir être placés dans les navettes, que l'on emploiera pour le tissage.

Celui-ci entrelacera les fils de chaîne et les fils de trame, de manière à former un tissu qui doit devenir le drap.

Au sortir du tissage, la fabrication n'est pas terminée.

Il reste à opérer :

Le dégraissage, qui enlève l'huile provenant de l'ensimage, et qui, en détordant les fils, prépare et facilite le feutrage.

Ce dernier s'obtient en foulant, c'est-à-dire en écrasant le drap, afin de produire entre les fils un garni bien complet et bien durable. En même temps le tissu se contracte, se soude en quelque sorte et acquiert du corps.

Entre le dégraissage et le foulage, se place l'opération du

rentrayage, par laquelle on corrige, à la main, à l'aide d'une aiguille et de fils, les défauts du tissage.

Ensuite a lieu le premier lainage, qui se pratique sur le drap humide; il a pour but de débrouiller à la surface de celui-ci les fibres qui ont été feutrées dans tous les sens, et de les redresser; de telle sorte qu'après le séchage qui se pratique ensuite, on puisse les tondre, afin de donner à l'étoffe une surface bien régulière.

Chaque pièce de drap doit subir plusieurs fois cette triple opération de lainage, séchage et tondage.

Après le second tondage, elle est livrée à la presse à chaud, puis à la presse à décatir.

La première de ces deux opérations fixe les filaments dans la position qu'ils doivent occuper à la surface du drap. Sans elle ces filaments, après le lainage, se relèveraient dans tous les sens.

Le drap a alors acquis un brillant ou cati, susceptible d'être taché par l'eau ou même par l'humidité.

On diminue ce brillant en soumettant le tissu à l'action de la table, ou presse à décatir. Le brillant restant est nommé indestructible, parce qu'il n'a pas les inconvénients signalés ci-dessus.

Le drap subit ensuite un nouveau lainage, nommé gîtage, qui est pour lui une sorte de lissage; puis il est livré à la tondeuse, et en même temps au brossage.

Le brillant nommé indestructible qui lui a été donné précédemment, peut s'enlever d'une façon irrégulière par suite de l'usure; on combat cet inconvénient en donnant au tissu une teinte mate, à l'aide du décatissage à l'air libre qui se pratique à cette époque du travail, c'est-à-dire postérieurement au gîtage.

Puis on évente la pièce pour la débarrasser de ses traces d'humidité. On opère ensuite l'épincetage, par lequel on enlève les impuretés, pailles, etc., qu'elle peut contenir; le débarrage, qui consiste à corriger les défauts de mançages à l'aide de pastels, ou bien à l'aide de couleurs placées au pinceau fin.

Après quoi il ne reste plus qu'à opérer le métrage, le pliage, et enfin l'emballage du drap.

Quelques manufactures font chez elles plusieurs de ces opérations, par exemple toutes celles qui nécessitent la filature, le tissage, et une partie, sinon toutes les opérations qui le suivent

Ordinairement le dégraissage, le lavage, l'épaillage et la teinture des laines sont faits chez les teinturiers.

L'ensimage, le louvetage, le cardage et la filature sont faits chez les filateurs.

Les opérations préliminaires du tissage et le tissage se font chez les fabricants, à la solde desquels toutes les autres opérations sont d'ailleurs exécutées.

Le dégraissage, le foulage s'opèrent chez les foulonniers, dont les usines doivent être placées sur des cours d'eau.

Les lainages, tondages, pressages, cylindrages décatissages, dont l'ensemble porte le nom d'apprêts, sont exécutés en totalité chez les fabricants, ou bien, en partie chez ceux ci, et en partie chez les apprêteurs.

Le travail des laines cardées se pratique dans plusieurs de nos provinces, mais plus particulièrement en Normandie, où elles produisent les beaux draps d'Elbeuf et de Louviers, dans le Nord, dans le Nord-Est où elles sont employées seules, ou alliées aux laines peignées, dans la région de Vienne (Dauphiné), dans le Midi, où ses centres principaux sont dans l'Hérault, et à Mazamet (Tarn); dans le Centre et dans l'Est.

Cette industrie paraît être beaucoup plus prospère en Angleterre et en Belgique, qu'elle ne l'est chez nous.

Cependant les produits français sont au moins aussi beaux que ceux de l'étranger. Nos industriels ne reculent pas devant les mesures à prendre pour que leur outillage soit aussi perfectionné que possible; mais ils ont contre eux certains désavantages résultant du prix de revient des matières premières, du charbon, etc.

Le morcellement, ou division de cette industrie en un trop

grand nombre de branches distinctes, à une époque où il faut plus que jamais être économe de frais généraux, est peut-être aussi pour les nôtres une cause de faiblesse.

Toutes les opérations qui viennent d'être énumérées, et pour chacune desquelles nous allons donner une description sommaire, en même temps que nous indiquerons les précautions recommandées, peuvent être pratiquées avec succès, à l'aide de machines de construction française.

DEUXIÈME PARTIE

Tonte. — Choix des laines.

La tonte, ou tondaison, se fait une fois l'an, quand arrive l'époque des grandes chaleurs.

Alors la laine de la gorge, et celle de la partie inférieure des pattes, commencent d'elles-mêmes à se détacher.

Celle qui est tondue sur le dos du mouton est la meilleure; celles de la gorge et des pattes sont les plus mauvaises. On ne peut les utiliser que quand le type de laine est très beau.

Il faut, autant que possible, employer des mélanges contenant à la fois des laines longues et des laines courtes, parce que la laine longue donnera de la solidité au tissu, dont la laine courte fera le garni.

Avant toute autre opération, il faut examiner la solidité de la laine.

Si en exerçant à la main une traction sur les filaments, ceux-ci se rompent sans avoir offert de résistance, il ne faudra pas employer cette laine seule, parce qu'elle se romprait de même dans l'étoffe; il est utile de lui additionner trente ou quarante pour cent de laine forte.

De même, si une laine est jugée trop forte, il faut la mélanger avec de la laine faible, sans quoi il serait impossible, dans la suite, de détacher par l'opération du lainage assez de fibres pour garnir le tissu.

Outre les laines neuves, on fait entrer aussi, dans les mélanges, des laines dites renaissances, provenant de chiffons ou de vieux draps convenablement effilochés.

La qualité et la finesse des draps dépendent évidemment beaucoup de la pureté et de la finesse des laines employées, en même temps que de la manière dont elles sont traitées.

C'est ainsi que l'on peut obtenir, depuis les plus beaux draps, jusqu'aux tissus sans consistance, qui ont été fabriqués et acceptés, en 1870, pour un trop grand nombre de nos bataillons de mobilisés (Voir la note de la page 75.)

Le choix des laines étant fait, on peut les envoyer, d'abord au dégraissage, puis au lavage et à la teinture.

Les laines de coloration naturelle, dites laines bêches, doivent être mises à part, pour être employées uniquement à la fabrication de fils de nuances foncées, car leur coloration naturelle est indestructible.

Dégraissage ou dessuintage.

Pour dégraisser la laine, on la fait baigner dans un liquide alcalin, composé de telle sorte que son action la sépare des matières étrangères qui l'imprègnent, sans cependant attaquer ses fibres.

Sa température est d'environ 50 à 55 degrés, sa composition varie suivant la nature des laines ; elle est moins concentrée pour les laines de Buénos-Ayres que pour celles d'Allemagne et d'Australie ; elle consiste généralement dans une dissolution de 4 à 5 kilogrammes de sous-carbonate de soude, pour 60 litres d'eau, auxquels on ajoute parfois une certaine proportion d'urine.

Ces quantités doivent être renouvelées après deux ou trois mises, comportant chacune environ 20 kilogrammes de laine.

Le premier lot est pesé avant et après le dégraissage, afin que l'on puisse évaluer de quel poids il a été diminué par cette opération, et déterminer quelle quantité il faudra de cette laine, pour établir un drap d'un poids donné.

Le dégraissage enlève à certaines laines plus de la moitié et jusqu'aux deux tiers de leur poids primitif. Les qualités détersives du bain sont augmentées par le suint que les laines lui abandonnent.

Pour ce motif, les premiers lots doivent être immergés à deux reprises. Le dégraissage doit être fait avec beaucoup de soins, afin que les laines soient bien préparées pour les opérations qui suivent.

On reconnaît qu'il est terminé, lorsque les filaments sont devenus souples au toucher, et qu'ils ne tachent plus les doigts.

Afin que le liquide dégraisseur agisse sur toutes les parties de la laine, celle-ci doit être, pendant la durée de son immersion, agitée à l'aide de bâtons manœuvrés à la main par des ouvriers, ou à l'aide de fourches animées de mouvements automatiques.

Au sortir du bain, elle est placée à la main ou entraînée mécaniquement sur la toile sans fin alimentaire d'une machine nommée *exprimeuse*, composée essentiellement de deux rouleaux en fonte, placés l'un au-dessus de l'autre, et entre lesquelles elle passe.

Le rouleau ou cylindre plein supérieur garni de laine peignée, de tresses de chanvre, ou de toile roulée, agit sur elle par pression. Il extrait ainsi le liquide dégraisseur qu'elle contient et qui retombe dans le bain.

Au sortir de l'exprimeuse, il convient de faire passer la laine dans un second, puis dans un troisième bain suivis chacun par l'action d'une exprimeuse, et fonctionnant de la même manière que le premier. Le travail s'opère ainsi mieux, et plus rapidement, que lorsqu'on n'emploie qu'un seul bain.

Le liquide dégraisseur doit être entièrement renouvelé après chaque journée de travail, à moins cependant qu'il s'agisse de laines ayant été lavées à dos.

Dans ce cas, il suffit de renouveler quotidiennement le liquide par moitié, et entièrement tous les trois jours. La fréquence de ces renouvellements dépend évidemment aussi de la nature des laines.

Après avoir subi l'action de la dernière exprimeuse, les laines sont portées au lavage.

Le lavage se pratique en immergeant les laines dans un récipient rempli d'eau, fréquemment, sinon constamment renouvelée ; et en les y agitant, afin de mettre autant que possible leurs filaments en contact avec elles, et de les débarrasser ainsi des impuretés laissées par le dégraissage.

Le lavage à la main, qui se pratiquait autrefois, s'opérait en plaçant les laines dans une sorte de grand panier à base rectangulaire, évasé vers la partie supérieure, et dont le fond et les parois latérales étaient construits en tôle perforée, afin de permettre pendant l'opération, le passage au travers du panier, d'un courant d'eau dans lequel on le plongeait.

Ce panier était entièrement découvert à sa partie supérieure. La laine qu'il contenait, était agitée à l'aide de bâtons manœuvrés par deux ouvriers, dans le sens de son grand axe, qui était disposé perpendiculairement à la direction du courant.

Ce système est aujourd'hui abondonné à cause de sa production trop faible (60 à 80 kilog. de laine lavée par jour).

Il a été remplacé par le lavage mécanique, à l'aide duquel on peut, sans augmentation de main-d'œuvre, obtenir en laines lavées environ 250 kilog. par jour.

Il existe plusieurs types de machines employées dans ce but, et leur production peut s'élever jusqu'à 600^{kgs} lorsqu'elles reposent sur le sol et sont conduites par deux ouvriers.

Toutes fonctionnent en donnant mécaniquement aux laines le mouvement qui leur était auparavant imprimé à la main.

Dans les unes, ce mouvement est obtenu par l'action de palettes courbes, dont sont armés deux tambours, placés l'un à droite, l'autre à gauche d'une cloison existant à la partie centrale du panier.

Ils impriment ainsi à la laine un mouvement de translation continu autour de cette cloison.

Dans d'autres, on a cherché à reproduire plus approximativement les mouvements du travail à la main.

Pour cela, deux fourches ou râteaux, mus en sens contraire l'un de l'autre par des vilebrequins, ainsi que l'indique le dessin *(pl. 1)*, donnent aux laines le mouvement de translation autour de la partie centrale ABCD, dont il vient d'être fait mention.

Le panier dans lequel elles sont placées peut avoir, lui aussi, ses parois et son fond en tôle perforée, ce qui a lieu quand il doit fonctionner étant plongé dans un cours d'eau.

Dans le cas contraire les parois sont pleines, et un vannage est disposé pour le renouvellement de l'eau qui doit être pratiqué le plus fréquemment possible (1).

Le panier, ou plutôt le récipient, car alors cette dernière dénomination est plus exacte, est dans ce cas muni d'un double fond. Celui supérieur peut être enlevé par parties. Il est en tôle perforée afin que les impuretés lourdes contenues dans la laine puissent s'échapper par les trous dont il est criblé. Les matières grasses s'écoulent à la partie supérieure ; enfin un échappement latéral

(1) Ces sortes de machines sont préférables à celles immergées. Le travail exécuté par elles est meilleur et plus prompt ; car le renouvellement de l'eau s'opère plus sûrement et plus régulièrement. La quantité d'eau nécessaire varie suivant la production, entre 300 et 1500 litres par minute.

doit être ménagé pour les matières en suspensions telles que brins de bois, etc.

On peut extraire des eaux provenant du lavage un excellent engrais, ou un gaz d'éclairage très riche.

Après cette opération, la laine est portée à l'égouttoir, où on la dispose sur des claies établies de manière à lui éviter tout contact avec le sol.

Elle est encore humide lorsqu'on la livre à la teinture.

Chaque opération de teinture est suivie par un lavage, et à la suite de chaque lavage, la laine doit rester à l'égouttoir pendant au moins un jour.

On procède ensuite au séchage, qui, pendant la belle saison, peut être pratiqué en étendant la laine sur une toile, au grand air et à l'ombre; ou bien dans un grenier assez vaste, où l'air doit être constamment renouvelé.

Enfin on peut employer pour le séchage, des machines spéciales, satisfaisant aux conditions qui viennent d'être énoncées en ce qui concerne l'enlèvement de l'air humide, et son remplacement par de l'air sec.

Battage.

Cette opération se fait à l'aide d'une machine nommée *batterie*, qui consiste dans un tambour, tantôt cylindrique tantôt conique, ayant au moins un mètre de longueur, et un diamètre d'environ $0^m.60$.

Ce tambour est armé de dents droites, fortes, et convenablement espacées; il tourne à environ cinq cents tours par minute, dans une enveloppe fermée, fixe, et garnie, elle aussi, de dents semblables à celles du tambour, mais opposées à ces dernières, de manière que les laines soient ouvertes et battues entre elles.

Par leur action, les poussières sont détachées.

Un ventilateur adapté à la machine les aspire et les projette au dehors.

L'extraction chimique des substances végétales, graterons, pailles, etc., autour desquelles les filaments se sont enroulés, se fait en plaçant les laines dans de grandes cuves à double fond, ayant ordinairement leurs parois intérieures garnies de plomb.

Elles y sont baignées dans l'acide sulfurique ou l'acide chlo rhydrique étendus d'eau, et pesant deux ou même trois degrés Beaumé.

Elles doivent y être remuées à l'aide d'un bâton, afin que le liquide puisse atteindre toutes les substances qu'il doit détruire.

Les laines sont ensuite placées dans une essoreuse, dont les parois sont, elles aussi, garnies de plomb, puis séchées dans une étuve dont un ventilateur aspire l'humidité.

La température de l'étuve doit être plus élevée si on s'est servi d'acide sulfurique, mais celui-ci attaque moins les laines que l'acide chlorhydrique.

Au sortir de l'étuve, elles sont livrées au battage qui enlève les poussières maintenant sèches, provenant des substances végétales; puis à un lavage à grande eau, ayant pour but d'enlever toutes traces d'acide, et enfin à l'égouttage et à la teinture (1).

Ensimage.

Nous avons dit que les différentes sortes de laines ne sont pas employées seules, mais qu'elles sont mélangées entre elles, par quantités proportionnées aux résultats que l'on veut obtenir.

En ce qui concerne les laines neuves, ce mélange se fait en même temps que l'ensimage.

Le rapport entre le poids d'une certaine quantité de laine en suint, et celui de cette même quantité après le battage, entre pour beaucoup dans la valeur commerciale de la laine.

---

(1) Voir à la suite de cet ouvrage :
Notes complémentaires sur l'épaillage chimique des laines et des draps, pages 82 et suivantes.

Les laines renaissances et les déchets entrent dans le mélange au moment du cardage.

L'ensemble des laines qui composent un mélange, porte le nom de teint.

L'ensimage peut être opéré à la main, ou automatiquement.

Dans le premier cas, on dispose sur le sol, dans un local voisin de la machine nommée *loup*, des couches de laines ayant pour épaisseur maximum environ dix centimètres, et proportionnées d'ailleurs au mélange à produire.

On arrose chacune, d'abord avec de l'eau, ensuite avec de l'huile saponifiable.

La proportion d'eau, pendant la saison d'hiver, est de dix pour cent, en poids, par rapport à la laine.

En été, cette proportion s'élève à vingt pour cent.

La proportion d'huile, suivant que celle-ci est plus ou moins grasse, varie entre dix et vingt pour cent.

Lorsqu'on se sert d'oléine, on l'emploie dans la proportion de quinze pour cent.

L'arrosage doit être fait le plus régulièrement possible. Il se pratique à l'aide d'un arrosoir garni d'un appendice percé de petits trous, fonctionnant comme les pommes d'arrosoirs employées dans les opérations du jardinage.

Les laines trop graissées, ou graissées avec de mauvaises huiles, encrassent rapidement les garnitures des cardes.

Insuffisamment graissées, au contraire, leurs filaments sont cassants et très difficiles à travailler.

L'emploi de l'huile seule donnerait des laines trop sèches.

Quand il s'agit de laines fortes et nerveuses, il est plus absolument nécessaire d'employer de l'eau. Les laines ensimées sont mélangées entre elles aussi intimement que possible, par des ouvriers armés de fourches en bois.

L'ensimage peut aussi se faire automatiquement, à l'aide d'appareils huileurs que l'on place généralement sur la table alimentaire du loup.

Louvetage.

Le loup, *pl.* 2, *fig.* 1, est composé d'une table d'alimentation A, consistant dans une toile sans fin *b*, *b*, *b*, sur laquelle la laine ensimée est disposée en une couche formée de laines mélangées comme il a été indiqué ci-dessus. L'épaisseur de cette couche est d'environ dix centimètres; elle est amenée par la toile sans fin alimentaire, vers les cylindres C,C, entre lesquels elle vient se faire prendre.

Ceux-ci en effet tournent en sens contraire l'un de l'autre, comme l'indique le dessin, de manière à attirer la laine qui leur est présentée.

Celui des cylindres qui est placé au-dessus de l'autre, agit par pression sur la laine prise entre lui et ce dernier.

Cette pression résulte du poids propre du cylindre supérieur augmentée par l'action de deux leviers chargés de contrepoids, qui agissent sur les coussinets dans lesquels tournent les fusées de ce cylindre.

Chacun de ces coussinets est mobile verticalement entre des glissières appartenant à son palier

Le tambour T a ordinairement $0^{m},800$ de diamètre et $0^{m},800$ de longueur. Il est formé par des croisillons en fer, clavetés sur un arbre en fer ou en acier, et portant des douves *d*, *d*, en fer, auxquelles sont rivées des dents *f*, *f*, du même métal, et dont la longueur est d'environ soixante millimètres.

Le tambour tourne à 800 tours par minute, tandis que les alimentaires C, C ne font que 30 tours. Le diamètre ordinaire de ces cylindres est de 50^{mm}. Celui supérieur est cannelé dans le sens de son grand axe. A cause de leur faible vitesse comparativement à celle du tambour T, les alimentaires C, C tendent donc à retenir entre eux les mèches de laines, qui sont ouvertes par les dents du tambour, puis attirées par celles-ci, et projetées dans la direction E, où elles sont reprises pour être livrées une seconde fois au loup.

Cette nouvelle opération rendra leur mélange plus intime, et les préparera pour le cardage qui doit se faire ensuite.

Cardage.

La laine louvetée a été placée dans des paniers, puis dirigée vers des récipients à portée de l'ouvrier conducteur de cardes.

Dans ces récipients, la laine ne doit pas être tassée, et on doit éviter soigneusement qu'elle s'y puisse mêler à des impuretés.

Les filaments, considérés seuls, sont vrillés.

Pour qu'on puisse les transformer plus tard en fils, il faut d'abord que les spires de l'un entrent dans celles de l'autre, de manière qu'ils puissent glisser l'un sur l'autre, sans rupture.

Au point où nous en sommes arrivés dans le travail, les laines forment encore des mèches, dont le cardage va démêler les filaments qu'il ne pourra pas exactement paralléliser, mais qu'il échelonnera, pour ainsi dire, les uns par rapport aux autres, dans le sens longitudinal et dans le sens transversal.

Il faut l'exécuter avec assez de soins pour que les filaments n'en soient pas énervés. Les machines employées pour opérer le cardage d'un même lot de laines sont au nombre de trois.

On désigne chacune d'elles sous le nom générique de *cardes*, et leur ensemble constitue ce que l'on nomme un *assortiment*.

— La première carde, qui reçoit la laine au sortir du loup, se nomme *briseuse.*

La laine est ensuite livrée à la seconde carde, nommée *repasseuse*, puis à la troisième, nommée *finisseuse*, ou *boudineuse*.

Si l'on considère deux plaques rigides *h* F *(fig. a, pl. 2)* en bois, recouvertes chacune d'un tissu garni de pointes en acier recourbées à angles vifs; ces angles ayant leurs côtés parallèles, mais de directions contraires;

Si la plaque F est animée d'une vitesse de 452^{m} environ par minute, tandis que la plaque supérieure *h* n'a qu'une vitesse d'environ 6 à 7 mètres,

Et que l'on dispose de la laine entre ces deux plaques, les dents ou crochets de la plaque supérieure tendront à entraîner les filaments dans la direction de droite à gauche, qui est celle de leur mouvement, tandis que les crochets de la plaque inférieure tendront à entraîner ces mêmes filaments de gauche à droite.

L'action simultanée des deux plaques tendra donc à redresser les brins de laines.

A cause de sa faible vitesse, la plaque *h* tendra simplement à les retenir par ses crochets, tandis que la plaque F transportera dans son mouvement rapide ceux qui auront pris entre les siens une direction parallèle au sens du mouvement; les autres seront soumis à l'action des crochets des deux plaques jusqu'à ce qu'à leur tour ils se soient disposés suivant cette direction (*a*).

Si l'on suppose, *fig. b*, que les deux plaques aient leurs crochets disposés de manière que ceux de la plaque *g* prennent à dos ceux de la plaque inférieure *h*, et réciproquement, et que les deux plaques soient, comme dans le cas précédent, animées de mouvements de directions contraires, puis que l'on dispose de la laine entre elles,

La plaque supérieure *g*, à cause de la direction de son mouvement, enlèvera la laine avec elle, et prendra celle qui pourra se trouver à la pointe des crochets de la plaque *h* (*b*).

Le cardage est l'application mécanique du principe (*a*) (*fig. a)*, qui elle-même est facilitée par l'application du principe (*b* (*fig. b)*, ainsi que cela va être indiqué par la description du fonctionnement des cardes.

Carde briseuse (pl. 2, fig. 2).

Cette première carde peut être alimentée à la main par une ouvrière, ou automatiquement par une chargeuse mécanique.

L'alimentation de la carde doit être aussi régulière que possible.

L'emploi de la chargeuse a pour but de régulariser automatiquement cette alimentation.

Au lieu d'une chargeuse, on peut employer une simple toile sans fin, à latteaux en bois ou en fer, analogue à celle qui est indiquée en *a*, sur laquelle la laine est placée par couches d'épaisseurs régulières, en rapport avec la nature de la laine, et avec le résultat que l'on veut obtenir.

Ces couches de laines sont conduites par la toile sans fin vers les cylindres alimentaires *b*, *b*, qui sont animés de mouvements de rotation en sens contraire l'un de l'autre.

Ces cylindres sont en fer. Chacun d'eux est recouvert par un ruban de cuir, garni de pointes fines en acier, recourbées à angle vif, de manière à former ainsi une sorte de petits crochets; ceux de l'alimentaire inférieur tournant le dos à ceux de l'alimentaire supérieur, et réciproquement.

La laine apportée par la toile sans fin est prise entre eux, et à cause de leur sens de rotation, et aussi de la direction des angles formés par leurs crochets, ceux-ci retiennent les brins de laines que le cylindre *c*, nommé *roule-ta-bosse*, est obligé de leur arracher.

Celui-ci tourne tangentiellement aux alimentaires; il est garni de ruban, ordinairement en cuir, armé de dents en acier courtes et résistantes; il entraîne avec lui dans son mouvement de rotation les filaments qu'il a pris aux alimentaires, et qui lui sont enlevés par le cylindre intermédiaire *e*, qui se les laisse prendre à son tour par le tambour F.

A l'exception de l'échardonneur et du volant, tous les cylindres de la carde sont garnis de rubans en cuir ou en caoutchouc, armés de petits crochets en acier, nombreux et très serrés, connus sous le nom de *rubans de cardes*.

La finesse et le nombre de ces crochets sont en rapport avec le travail qu'ils doivent exécuter.

La fabrication des rubans de cardes, elle aussi, se pratique en France, où elle fait l'objet d'une industrie spéciale importante.

Tous les cylindres, d'une même carde, ont la même longueur ou arasement qui varie d'ordinaire entre 1m,20 et 2m.

La vitesse de développement de chacun d'eux est indiquée par la légende de la *pl. 2*.

Revenons au fonctionnement des organes de la carde briseuse.

Le cylindre intermédiaire *e*, par rapport au roule-ta-bosse, fonctionne comme la plaque *g* par rapport à la plaque *h (fig. b)*; il lui enlève ainsi la laine qu'il avait prise aux alimentaires.

Le tambour F fonctionne par rapport au cylindre intermédiaire *e*, comme la plaque *g* par rapport à la plaque *h*; le tambour enlève donc la laine du cylindre intermédiaire, en application du même principe (*b*).

La laine emportée par le tambour a ses filaments arrêtés par le premier cylindre *h*, nommé *travailleur*, dont les pointes des crochets sont dirigées vers celles des crochets du tambour.

Le cardage s'opère là une première fois, en application du principe (*a*).

Puis le tambour emmène les filaments qui ont commencé à se débrouiller.

Le cardage est opéré une seconde fois par le second travailleur *h*, qui arrête les filaments, comme cela a été dit ci-dessus.

Il ne tarderait pas à en être couvert, si le cylindre *g*, nommé *débourreur* ou *nettoyeur*, qui tourne tangentiellement à la fois au travailleur et au tambour, ne venait, en application du principe (*b*), enlever la laine à celui-là pour se la laisser prendre ensuite par celui-ci.

Relativement au premier travailleur, c'est le cylindre intermédiaire *e* qui fait fonction de débourreur.

La vitesse des travailleurs est d'environ 8 tours par minute; elle peut être augmentée ou diminuée d'un quart. Une série d'engrenages est fournie à ce sujet par le constructeur.

Leur diamètre est ordinairement $0^m,27$; celui des nettoyeurs $0^m,070$, garnitures comprises. Le cylindre intermédiaire a un diamètre d'environ $0^m,140$.

Après avoir passé au travers des petits crochets du premier groupe, travailleur et tambour, la laine est donc conduite par celui-ci vers le second travailleur, puis vers le troisième, etc. ; il y en a de cinq à six par carde.

Après quoi, elle est amenée à l'extrémité des crochets du tambour, par l'action d'un cylindre J, armé de pointes droites, inclinées, longues, fines et flexibles, qui, pour atteindre les filaments, entrent d'une petite quantité entre les crochets du tambour.

Le diamètre de ce cylindre, qui porte le nom de *volant*, est ordinairement de $0^m,33$ à $0^m,35$; sa vitesse de rotation est d'environ 530 tours.

Son fonctionnement est très important, et il est nécessaire de régler avec un soin extrême sa position par rapport au tambour.

Avant d'aller plus loin, signalons le cylindre *d*, nommé *échardonneur* ou *égrateronneur*, qui est placé au-dessus du roule-ta-bosse.

L'échardonneur est armé de lames métalliques disposées dans le sens de son axe, et espacées l'une de l'autre d'environ 15^{mm}.

Sa vitesse de rotation est d'environ 500 tours par minute.

Son mouvement est de même direction que celle du roule-ta-bosse; il a pour but d'enlever les impuretés qui se trouvent à l'extrémité des pointes ou crochets de celui-ci, et de les rejeter dans un auget X, disposé pour les recevoir.

Voilà donc le cardage effectué sur une première carde, et la laine amenée à l'extrémité des crochets dont le tambour est armé.

Il s'agit de l'y recueillir, sans arrêter, bien entendu, la machine.

On se sert pour cela d'un cylindre *l*, nommé *peigneur*,

tournant en sens contraire du tambour, et ayant les crochets de son ruban de carde qui présentent leur partie concave à la partie similaire de ceux du tambour; de manière à cueillir la laine que le volant a amenée à l'extrémité de ceux-ci.

Pour que ce but puisse être atteint, on détermine la vitesse de rotation du peigneur, de manière que, pour un même temps, son développement soit environ la dix-huitième partie de celui du tambour.

Cette vitesse de rotation peut être réglée à l'aide d'engrenages de rechange.

Les filaments, emportés par le peigneur, sont arrêtés au passage, soit à l'aide d'un peigne détacheur cylindrique, en application du principe (*b*), soit, plutôt, à l'aide d'un peigne battant.

Dans le premier cas, un cylindre *m*, tournant dans le même sens que le peigneur, et garni de rubans de cardes dont les crochets viennent prendre à dos ceux de cet organe, détachent les filaments que celui-ci avait pris au tambour. Ces filaments forment entre eux une sorte de nappe qui est dirigée vers un cylindre O, animé d'un mouvement de rotation, sur lequel elle est appliquée par l'action d'un rouleau en bois P, dont l'axe est guidé à ses extrémités par des arcs en fonte, réglables, afin que son action n'ait pas de mauvais effet sur la garniture du cylindre détacheur *m*.

La nappe de laine s'enroule donc sur le cylindre O, dont la vitesse de développement est égale à celle du peigneur, et auquel on donne le nom de *tambour à matelas*, ou *à peau de mouton*.

Le peigne détacheur cylindrique est maintenant presque partout remplacé par un peigne battant, semblable à celui qui est indiqué *(pl. 3, fig. 2)*.

Ce peigne battant sera décrit avec la deuxième carde, ou carde repasseuse.

Enfin, lorsque la couche de laine placée au début de l'opération sur la table alimentaire, est sur le point d'être épuisée, on coupe, à l'aide de forces, et dans le sens de l'axe du tambour à matelas, la nappe enroulée sur ce dernier, afin de la livrer à la carde repasseuse ; en même temps qu'on charge d'une nouvelle couche de laine la table alimentaire de la briseuse, afin que son travail n'ait aucune irrégularité.

Deuxième Carde, ou repasseuse.

Celle-ci diffère de la précédente, en ce que les crochets de ses garnitures sont plus fins et plus serrés.

On l'alimente avec les nappes provenant du tambour à matelas de la briseuse.

Pour cela on les dispose transversalement sur la toile sans fin de la repasseuse, dont l'action est dès lors plus complète que si les filaments étaient toujours cardés dans le même sens (1).

En conséquence, il faut avoir soin de donner au tambour à matelas de la briseuse un diamètre tel que sa circonférence soit un multiple de la largeur de la table d'alimentation de la repasseuse.

Celle-ci n'a généralement pas de roule-ta-bosse, ni de cylindre échardonneur ; elle a deux cylindres alimentaires garnis de rubans de cardes, et tournant en sens contraire l'un de l'autre, de façon à prendre entre les crochets de leurs garnitures la laine que leur apporte la toile sans fin.

Leur vitesse est très faible.

Il en résulte qu'ils tendent à retenir la laine qu'ils viennent de prendre, quand l'action tangentielle du tambour veut la leur enlever.

---

(1) La couche de laine placée sur la table alimentaire de la repasseuse a donc pour épaisseur un certain nombre de fois celle de la nappe qui était enroulée autour du tambour à matelas. Cette épaisseur de couche alimentaire est déterminée en tenant compte de la qualité des matières employées, et du degré de perfection à apporter dans le travail.

Un troisième cylindre, *x* (*fig. 5, pl. 3*), est placé au-dessus de l'alimentaire supérieur, où il fait, pour celui-ci, fonctions de débourreur. Il lui prend en effet la laine que le tambour n'aurait pas entraînée, puis il se le laisse enlever par ce dernier (*b*).

La carde repasseuse a cinq et quelquefois six groupes de travailleurs et nettoyeurs, ainsi qu'un volant et un peigneur, fonctionnant de la même manière que les organes similaires de la briseuse.

Le peigne battant (*fig. 2, pl. 3*), qui détache la nappe de laine du peigneur, consiste dans une lame en acier, à dents droites, fines et rapprochées.

Cette lame (*fig. 3*), nommée *lame de peigne*, a pour longueur l'arasement des cylindres de la carde. Elle est animée d'un mouvement de va-et-vient de haut en bas, tangentiellement au peigneur. Son fonctionnement détache la nappe qui est conduite (*fig. 4*) vers une toile sans fin ayant pour longueur de 10 à 15 mètres disposée sur les rouleaux en bois d'un appareil spécial que l'on nomme *machine à nappe*, et qui remplit, à la suite de la repasseuse, des fonctions analogues à celles du tambour à matelas par rapport à la briseuse.

L'un de ces rouleaux, A, reçoit un mouvement de rotation tel, que son développement soit égal à celui du peigneur; il est communiqué aux autres cylindres par la toile elle-même, qui agit alors comme ferait une courroie sur des poulies à axes parallèles.

La tension de la toile est réglable à l'aide de rouleaux tendeurs.

Lorsque l'épaisseur de la couche de laine étalée sur la toile sans fin est jugée assez grande, on la coupe suivant une ligne droite dans le sens de sa largeur; puis on l'enroule autour d'un cylindre en bois B, et on la porte ensuite à la carde finisseuse, ou boudineuse, qu'elle servira à alimenter.

Carde finisseuse ou boudineuse (pl. 3, fig. 5).

La laine placée en B vient de l'appareil à nappe, et par conséquent de la carde repasseuse ; on doit d'abord dérouler une partie de cette nappe ayant la même longueur que la table d'alimentation de la boudineuse, afin que son extrémité puisse être livrée aux cylindres alimentaires.

L'épaisseur de la couche de laine placée sur la table d'alimentation de la boudineuse est donc précisément celle de la couche qui se trouvait sur la toile sans fin de l'appareil à nappe au moment où elle y a été coupée.

L'action des alimentaires, combinée avec celle de la toile d'alimentation, fera dérouler la nappe pour produire l'alimentation de la boudineuse.

Lorsque cette nappe sera sur le point d'être épuisée, il faudra opérer soigneusement sa jonction avec la nappe nouvelle, sous peine d'avoir de graves irrégularités dans le travail.

La carde boudineuse, jusqu'à et y compris le volant, possède les mêmes organes que la repasseuse ; ils ont, comme ceux-ci, les mêmes vitesses que les organes similaires de la briseuse ; mais les garnitures de rubans de cardes de la boudineuse sont plus fines, ainsi qu'on le devine aisément.

C'est à partir du moment où le volant aura terminé son action, que l'on verra s'opérer la transformation de la nappe de laine en gros cordons continus de forme cylindrique nommés *boudins*, qui sont destinés à alimenter le métier à filer.

Cette transformation de la nappe en boudins s'obtient de plusieurs manières.

Celle qui est indiquée *fig. 5*, est dite à deux peigneurs et à rota frotteurs.

Chacun de ces peigneurs a ordinairement pour diamètre $0^{m},400$. Tous deux sont garnis de rubans de cardes, mais les crochets de ceux-ci ont été préalablement écrasés de place en place, sur toute la circonférence, et sur des largeurs déterminées, de telle manière que la garniture de chacun des peigneurs a été divisée en vides et en pleins, et que les vides de l'un correspondent aux pleins de l'autre (1).

Il en résulte que le premier peigneur, ou peigneur supérieur, détache la laine du tambour par petites nappes ayant la largeur ab des parties de la garniture de ce peigneur dont les crochets n'auront pas été écrasés.

Le peigneur inférieur prendra la laine que le précédent aura laissée; il prendra donc aussi de petites nappes, de largeur a_1b_1 et de longueur indéfinie, qui seront conduites les premières entre le tablier sans fin en cuir d et le rouleau c; les secondes entre le tablier sans fin d_1 et le rouleau e, dont les mouvements de rotation et de va-et-vient combinés les transformeront en cordons ou boudins.

Pour cela les petites nappes, cueillies au tambour par les peigneurs, sont prises à ces derniers par les détacheurs cylindriques gg_1, en fer, garnis de rubans de cardes; puis enlevées à ceux-ci par des cylindres h, h_1, en fer, garnis de cuir, qui les dirigent vers les manchons ou tabliers sans fin en cuir d, d_1, lesquels sont enroulés autour des cylindres fk, f_1k_1, à la façon d'une courroie sur deux poulies.

L'un des cylindres f, f_1, de chaque tablier, lui communique et donne par suite à l'autre cylindre un mouvement de rotation qu'il reçoit de la carde.

Les cylindres moteurs f, f_1 sont en outre réliés aux cylindres tendeurs k, k_1 à l'une de leurs extrémités par une traverse sur laquelle agit un organe mécanique, bielle ou tige d'excentrique dont l'action leur communique un mouvement de va et-vient dans le sens de leur axe.

(1) Le développement du tambour de boudineuse, en une minute, est environ 35 fois plus grand que celui de chacun des deux peigneurs. Si le tambour a $1^m,220$ de diamètre et fait 120 tours par minute, le développement de chaque peigneur sera donc d'environ 13^m, il est réglable à l'aide d'engrenages de rechange.

Les rouleaux cylindriques c, e sont en bois, traversés par un axe en fer et garnis de cuir. Ils agissent par leur poids sur les tabliers d, d_1, desquels ils reçoivent un mouvement de rotation. Chacun d'eux est en outre animé d'un mouvement de va-et-vient agissant à contretemps par rapport à celui du tablier.

Le cuir employé pour les cylindres $h\ h_1$, les tabliers $d\ d_1$ et les rouleaux c, e n'est pas lustré; il doit être bien régulièrement tendu.

Les petites nappes de laine, attirées entre un tablier et le rouleau cylindrique correspondant, sont frottées et roulées sur elles-mêmes par les mouvements simultanés (rotation et va-et-vient) de ces organes, pendant leur passage entre eux.

Elle reçoivent ainsi leur changement de forme.

On remplace souvent, lorsqu'il s'agit d'obtenir des boudins assez nombreux, et fins, le rouleau supérieur par un second tablier, de développement moindre que celui du tablier inférieur. On dispose alors un cylindre tendeur entre f, k et aussi entre $f_1 k_1$.

Les boudins ainsi formés sont dirigés vers des cylindres m, n, en bois ou en fer blanc, que l'on nomme *ensouples*, et qui sont, eux aussi, animés d'un mouvement de rotation de même sens que le cylindre moteur du tablier.

Chacun des petits cylindres en bois ou cannelles p, q, autour desquels les boudins doivent s'enrouler, repose par son poids sur un ensouple, qui lui communique le mouvement de rotation voulu (1).

Pour que chacun de ces boudins ait sa place bien distincte sur cette cannelle, on a soin de les faire passer, avant leur arrivée à l'ensouple, entre les arceaux d'un organe r, s, nommé *guide-fils*, animé dans le sens de son grand axe, d'un mouve-

(1) Les vitesses de développement des détacheurs gg_1, des cylindres hh_1, des tabliers dd_1, des rouleaux ce et des ensouples $m\ n$, sont sensiblement les mêmes que celle des peigneurs PP_1; et elles sont réglables à l'aide d'engrenages de rechange.

ment de va-et-vient dont l'amplitude est égale à la distance d'axe en axe de deux broches consécutives du métier à filer.

Le nombre des boudins donnés par chaque peigneur est égal au nombre de pleins, moins un.

Le plein extrême de chaque peigneur donne un boudin nommé fil perdu, à cause de ses irrégularités, qui nécessitent de lui faire subir à nouveau l'opération du cardage.

Pour cette raison, ce boudin est enroulé à part sur une cannelle supportée et conduite par un ensouple spécial.

Il y a un de ces boudins perdus pour chaque peigneur, puisque le plein extrême de l'un, correspond à un vide de l'autre.

Il existe d'autres procédés pour séparer la laine, après le cardage, en petites nappes ou rubans, puis en boudins.

Dans ce but, on emploie notamment l'appareil diviseur à lanières, lorsqu'il s'agit de produire des fils fins et nombreux.

La carde n'a alors qu'un seul peigneur, semblable à ceux de la briseuse et de la repasseuse, devant lequel se place cet appareil.

Assortiments à cordons.

Au lieu d'enrouler la nappe de laine sur un tambour à matelas, ou sur une toile sans fin, en lui conservant toute sa largeur qui est celle du tambour, on procède aussi en la resserrant au sortir du peigneur, de manière à lui faire prendre la forme d'un trapèze, dont la grande base est une génératrice du peigneur, tandis que l'autre, dont la largeur est d'environ cinq centimètres, entre dans un entonnoir en fonte polie, qui la resserre encore et l'amène à n'avoir plus que trois centimètres environ de largeur.

A sa sortie de cet entonnoir, elle ne forme plus qu'un épais ruban ou cordon, qui va passer, d'abord, entre deux rouleaux en fonte étireurs, qui sont animés de mouvements de rotation en sens contraire l'un de l'autre. Ils attirent la nappe qui, sous sa nouvelle forme, passe ensuite au travers d'un anneau en fonte, animé d'un mouvement de va-et-vient parallèle au grand axe d'un cylindre en bois, long d'environ 0m,40, sur lequel le cordon de laine s'enroule.

Pour cela il faut aussi que le cylindre soit animé d'un mouvement de rotation qui lui est donné par la friction de deux rouleaux cannelés, sur lesquels il s'appuie, et qui sont animés tous deux d'un mouvement de rotation de sens contraire à celui qu'ils doivent lui transmettre.

Le ruban, ainsi enroulé sur un cylindre en bois, forme une sorte de bobine qui contribuera à alimenter la carde suivante.

Il faut, pour alimenter une des deux cardes, repasseuse ou finisseuse, autant de bobines que la finisseuse doit produire de boudins.

Leur nombre moyen est au minimun de 50. Il peut être élevé jusqu'à 100, et même plus; qu'il s'agisse d'assortiments à cordons, ou d'assortiments à nappes.

Le nombre des boudins est en raison directe de leur finesse.

Pour que ce nombre soit de 50, il faut donc que la briseuse ait produit 50 bobines, avant que la repasseuse puisse commencer à fonctionner, et il faut que cette seconde carde ait à son tour produit 50 bobines, avant que la finisseuse puisse être mise en marche.

Il en résulte des pertes de temps, qui deviennent d'autant plus sensibles que l'on a plus souvent à changer de lots de laines.

Les bobines, au sortir de la briseuse, sont rangées sur un râtelier nommé *cabas*, organisé de manière qu'elles se déroulent automatiquement, pour livrer leurs cordons à la carde qu'elles doivent alimenter.

Celle-ci n'a pas de table d'alimentation. Elle est munie d'un appareil nommé *séparateur*, placé devant les alimentaires et parallèlement à eux. Ce séparateur a pour longueur l'arasement de la carde. Il est formé de deux tringles horizontales, espacées d'environ 0m,12, réunies entre elles par une série de tringles ou cloisons verticales, entre lesquelles passent les rubans, avant d'être pris par les alimentaires qui les attirent et les livrent au tambour.

L'inconvénient de ce système réside en ce que les filaments sont toujours présentés au cardage dans le même sens ; ce travail peut donc n'être pas obtenu d'une manière aussi parfaite, car il ouvre moins les laines, surtout quand les filaments sont un peu feutrés.

La transformation, par la carde finisseuse, des cordons en boudins, s'opère de la même manière dans les deux systèmes.

Les principaux appareils auxiliaires du cardage sont :

1° La machine à monter les rubans. — On nomme ains un appareil très simple, à l'aide duquel on maintient énergiquement la tension des rubans de cardes, pendant leur enroulement autour des différents cylindres ;

2° Le tour à émeriser les rubans, qui consiste en une meule à émeri ou en grès, animée de mouvements simultanés de rotation et de translation (va-et-vient) sur son axe.

Elle est préférable au cylindre à émeri, par lequel on la remplace lorsqu'on ne tient pas à avoir toutes les chances possibles pour que le travail soit bien fait.

Les bâtis des cardes sont en fonte. Tous les cylindres sont creux, aussi légers que possible.

Les alimentaires font exception, et sont construits en fer plein, ainsi que les débourreurs, quand leur diamètre est inférieur à 60 millimètres.

Les travailleurs, tambours, peigneurs, sont en bois ou en fonte. On en construit aussi en tôle de fer.

Les tambours en bois sont en marqueterie d'aulne ou de tilleul ayant environ 7 centimètres d'épaisseur.

En fonte, ils ont 7 millimètres d'épaisseur, avec des nervures intérieures convenablement espacées.

Ils constituent donc, pour la fonderie, un travail délicat, puisque leur longueur peut être de $1^m,500$, et que leur diamètre peut avoir cette même dimension.

Ils doivent être idéalement cylindriques, et très bien équilibrés.

Ils sont montés sur arbres en acier et croisillons en fonte.

Les travailleurs et volants en bois sont à douves de sapin, montées sur âmes en bois, ou sur croisillons légers en fonte, et sur arbres en fer.

Les travailleurs en fonte ont environ 3 millimètres d'épaisseur, avec nervures intérieures.

Les peigneurs en bois sont, comme les tambours, en marqueterie d'aulne ou de tilleul, montés sur croisillons en fonte et arbres en fer; ou bien ils sont tout en fonte, avec croisillons du même métal, et arbres en fer. Les tambours à matelas sont à douves légères en bois, avec croisillons en bois ou en fonte.

Il est de ces appareils qui sont disposés pour couper automatiquement la nappe de laine, quand elle a acquis l'épaisseur voulue.

Les débourreurs ou nettoyeurs sont en fer creux quand leur diamètre est supérieur à 55 millimètres; leurs fusées sont en fer plein.

A partir de 100 millimètres, on fait ordinairement ces organes en bois, avec axes en fer.

La perfection dans l'émerisage de leurs rubans de cardes n'est pas aussi soignée que pour les autres cylindres.

Les peigneurs de la boudineuse sont en fonte.

Les rouleaux guides des tabliers ou manchons frotteurs en cuir peuvent être en bois avec axes en fer, ou en fer plein; cependant il est préférable de les établir en fer creux avec fusées soudées en fer plein, ainsi que cela se pratique actuellement.

L'émerisage des rubans de cardes ne doit qu'effleurer les extrémités des crochets, afin de ne pas les coucher; ainsi que cela pourrait avoir lieu si on agissait autrement.

Il se pratique après le débourrage, opération qui a pour but d'enlever les duvets qui se sont introduits entre les crochets.

On doit la répéter à des intervalles qui varient avec la nature des laines. Elle est facilitée par ce fait que les duvets forment, avec l'huile dont ils sont imprégnés, un tout assez compact pour qu'on puisse les enlever pour ainsi dire d'une seule pièce.

Afin de donner aux garnitures plus d'élasticité et de durée, on enfonce entre les crochets, à l'aide d'une brosse, une sorte de mastic, fait de tontisse de draps, pétrie avec un mélange d'huile de lin et d'huile d'olives. On emploiera aussi des rubans établis avec un tissu bourré, spécial.

Filature (pl. 4).

La transformation des boudins venant de la carde finisseuse en fils propres au tissage, s'opère sur le métier à filer. C'est ainsi que les bobines alimentaires *f, f (fig. 3 et 4)*, de celui-ci, sont celles *p, q*, que nous avons vues se former *(fig. 5, pl. 3)* sur la carde finisseuse.

Actuellement, elles sont disposées sur les ensouples, de telle manière que si ces derniers sont animés d'un mouvement de rotation, ils le communiqueront aux bobines ; et si ce mouvement de rotation est de sens convenable, il fera dévider les boudins enroulés sur celles-ci ; c'est ce qui a lieu.

Les boudins provenant des bobines viennent passer entre des rouleaux livreurs *h, j (pl. 4, fig. 3 et 4)*, animés de mouvements de rotation en sens contraire l'un de l'autre, avec une vitesse de développement égale à celle des ensouples précités ; puis ils se dirigent, chacun vers une broche *l, l (fig. 3 et 4)*, qui leur est spéciale, et dont la demi-longueur supérieure est garnie, jusqu'à quelques centimètres de son extrémité, d'une enveloppe conique en papier autour de laquelle le boudin vient s'enrouler.

Le principe de la filature consiste dans l'étirage des boudins, et dans la torsion qui leur est imprimée.

Ces résultats étaient autrefois obtenus à la main.

Nos aïeules étiraient ainsi les filaments de la quenouille, les tordaient sur eux-mêmes et les enroulaient autour du fuseau, qui a été remplacé par la broche.

Considérons deux filaments *a, b (fig. 1)*, bien tendus, et enroulés en spirales parallèles autour d'une tige d'acier ou broche bien lisse, de forme légèrement conique, arrondie à son extrémité supérieure, et inclinée comme l'indique le dessin.

Si cette broche exécute une révolution autour de son grand axe, le filament *b* passera en *c* devant le filament *a*, et derrière lui en *d*, comme l'indique la *fig.* 2, c'est-à-dire que l'un aura tourné autour de l'autre : tel est le principe de la torsion.

Il est facile, à l'aide d'une petite expérience, de se rendre compte pratiquement de ce fait, en employant, au lieu de filaments, deux fils que l'on choisit un peu gros, et de nuances différentes, pour pouvoir mieux les distinguer.

Ces opérations de l'étirage et de la torsion se réalisent automatiquement sur le métier à filer; voici comment :

D'abord le chariot mobile C, représenté en coupe *fig.* 3, est approché du bâti D, de manière que l'extrémité *e* de ses broches soit seulement éloignée de quelques centimètres des cylindres livreurs *h*, *j*.

Les cylindres *j* ont généralement une longueur correspondant à l'espace occupé par 20 boudins des grosses bobines alimentaires ou, ce qui revient au même, à l'espace correspondant à dix fois l'écartement entre les axes des deux broches consécutives.

Ils sont en outre emboîtés l'un dans l'autre à leurs extrémités, de manière à ne former en tout qu'un seul cylindre, ayant toute la longueur du métier, et soutenus à leurs jonctions par de petits supports fixés à un fer cornière *o*, nommé *porte-système*.

Chacun des cylindres *h*, nommés *rouleaux de pression*, correspond par sa longueur à deux boudins des bobines alimentaires ; il agit sur eux par son poids, pendant que ses petites fusées glissent librement entre deux glissières verticales.

Les cylindres partiels, composant le grand cylindre inférieur *j*, portent le nom de *cannelés*. Ils sont tirés de long à la lime douce, ainsi que les rouleaux de pression.

Le grand cylindre inférieur est commandé par des engrenages à l'une de ses extrémités que l'on nomme *tête du métier;* et il communique un mouvement de rotation, en sens inverse du sien, à tous les rouleaux de pression *h*, *h* qui s'appuient sur lui.

L'action combinée des cannelés et des rouleaux de pression attire les boudins des bobines alimentaires, mais elle ne leur permet de sortir d'entre eux qu'avec leur vitesse propre de développement; de sorte que si l'extrémité des boudins est tirée avec une vitesse plus grande, il faut qu'ils s'allongent, ce qui constitue l'étirage, qui a lieu par le fait du glissement des filaments les uns autour des autres.

Pour qu'il soit obtenu automatiquement, voici ce qui se fait :

D'abord, au fur et à mesure que les cylindres livrent le boudin, le chariot mobile C s'éloigne; sa vitesse est la même que celle du développement des cylindres *j*, *h;* mais lorsqu'il a parcouru une partie de sa course, un déclenchement automatique arrête les mouvements de rotation des cylindres. Le chariot, cependant, continue à s'éloigner de la partie fixe du métier, et l'étirage se produit.

Un peu avant l'arrêt de livraison, ou bien, suivant le cas, en même temps que cet arrêt, les broches ont commencé à tourner sur elles-mêmes avec une vitesse d'environ cinq mille tours par minute, de sorte que la torsion, destinée à donner de la ténacité aux fils, se produit en même temps que l'étirage.

Lorsque le chariot est arrivé à l'extrémité de sa course, il a produit autant de longueurs de fils, nommées *aiguillées*, qu'il a de broches.

Il s'arrête alors, et les broches tournent encore pendant quelques secondes, afin de donner aux fils un supplément de torsion, en rapport avec le résultat que l'on veut obtenir.

La longueur ordinaire d'une aiguillée est d'environ 1^{m}600.

La disposition du mécanisme permet de faire commencer la torsion et arrêter la livraison, à tel instant que l'on juge propice dans la formation de l'aiguillée.

On peut aussi ralentir ou accélérer la livraison, en diminuant ou accélérant la vitesse des ensouples, sur lesquels reposent les bobines alimentaires ; et celle des cylindres livreurs.

Au point où nous en sommes arrivés, il s'agit d'enrouler chaque aiguillée autour du cône en papier placé sur la broche correspondante.

Ces enroulements ou envidages successifs doivent former sur chaque broche un double tronc de cône, présentant des garanties indispensables de stabilité.

Ils peuvent être produits de deux manières : à la main, ou automatiquement.

Dans tous les cas, ils devront être exécutés pendant le retour du chariot vers la partie fixe du métier.

Mais auparavant, il faut dévider le fil, que l'on avait fait enrouler autour de la partie supérieure de chaque broche, au-dessus du tronc de cône supérieur, afin de produire la torsion.

Cela nécessite de faire exécuter aux broches quelques révolutions de sens contraire à celui qu'elles avaient pendant la torsion.

En même temps, pour conserver aux fils leur tension, on utilise l'action de deux tringles en fil de fer, ayant la même longueur que le métier, et agissant à la fois sur tous les fils.

La première *m*, nommée *contre-baguette*, mue par des contre-poids, agit de bas en haut ; l'autre, *n*, actionnée soit à la main, soit automatiquement, agit sur les fils de haut en bas et tend à les amener vers la partie inférieure de la broche.

C'est seulement ensuite que commence le renvidage, pendant lequel la baguette *n* sera animée d'un mouvement alternatif de haut en bas, et de bas en haut, qui sera communiqué aux fils.

En même temps, le chariot retourne vers la partie fixe du métier, et les broches tournent dans leur sens primitif de rotation.

Ces divers mouvements, ainsi que leurs vitesses aux différents instants de la course du retour, doivent être combinés de manière que l'enroulement du fil se fasse sur la broche avec la forme voulue; les vitesses respectives doivent varier aussi d'une aiguillée à l'autre, à mesure que la bobine avance en formation.

Il a fallu de longues recherches, pour arriver à produire auto matiquement ces divers mouvements.

Dans le métier à filer proprement dit, le dépointage, ou dévidage du fil après la première moitié de la course, ainsi que les diverses opérations qui suivent, sont conduits par un ouvrier qui pousse le chariot à l'aide du genou, pour le ramener vers la partie fixe du métier.

En même temps, il conduit à la main, à l'aide d'un volant manivelle, les mouvements de rotation des broches, pendant qu'il dirige, de l'autre main, les mouvements de la baguette.

Lorsque ces opérations s'exécutent automatiquement, le métier prend le nom de *renvideur*, ou de *self acting*. Son mécanisme moteur est un des plus compliqués qui existent.

On lui donne le nom de *têtière;* il est placé au centre du métier afin que celui-ci soit mieux équilibré ; c'est-à-dire que s'il comporte en totalité 500 broches, il y aura, de chaque côté de la têtière, une partie fixe, et un chariot complet pour 250 broches.

Voici donc une aiguillée entièrement terminée sur chaque broche. Il a fallu, pour obtenir ce résultat, une durée d'environ 20 secondes. Le métier va en commencer une nouvelle, et ainsi de suite.

Quand la régularité du fil n'est pas indispensable, on peut augmenter la longueur de chaque aiguillée d'environ $0^m,10$ à $0^m,15$, en faisant fonctionner la livraison du boudin pendant le renvidage, et en ne produisant par conséquent l'étirage que par la rotation des broches auxquelles on donne une vitesse telle, que la longueur du fil renvidé soit plus grande que la demi-course du chariot.

Dans ce cas, il faut avoir soin de donner pendant la première partie du travail, un supplément de torsion qui se répartit ensuite sur le supplément d'aiguillée.

Les métiers renvideurs sont presque seuls employés pour la laine cardée. Ils remplacent de plus en plus les anciens métiers à filer, ou *mull-jenny*, qui tendent à disparaître.

Ceux ci n'avaient ordinairement que 200 broches; ce nombre est au minimum doublé dans les autres.

Le premier métier à filer fut imaginé par un ouvrier mécanicien anglais, nommé Higgs, qui lui donna le nom de sa fille, Jenny.

Ce métier avait six broches, et servait pour le coton. Quelques années plus tard, en 1767, il fut perfectionné pour le même usage, par un autre Anglais Hargreave, qui porta à 80 le nombre de ses broches.

Les renvideurs employés aujourd'hui pour le coton ont environ 1,000 broches.

C'est en 1812 que les premiers essais de filage mécanique de la laine furent opérés.

L'honneur en revient à un Français, Dobo, mécanicien à Reims.

C'est aussi par un Français, à Saint-Quentin, que le métier renvideur fut appliqué en 1845, pour la première fois, au filage de la laine. Jusqu'à cette époque, il n'avait été employé que pour le coton.

Retordage.

On emploie aussi le métier à filer et le métier renvideur, pour pratiquer le retordage, qui consiste à unir ensemble deux ou plusieurs fils, en les tordant les uns autour des autres, de manière à les réunir en un seul beaucoup plus résistant.

Cette opération se fait, soit avec des fils de même nuance, soit avec des fils de nuances différentes, suivant le résultat que l'on veut obtenir.

Le retordage lui-même s'opère dans un sens ou dans l'autre, par rapport à la torsion primitive.

Métier continu.

On désigne sous ce nom un métier qui fait simultanément les diverses opérations de l'étirage, de la torsion et du renvidage.

Il est employé pour les fils résistants, notamment pour les fils de lin.

On a essayé de l'employer pour la laine cardée (1), et après une série de perfectionnements, il a pu être appliqué avec plein succès à la filature des fils de chaîne.

Ses broches sont verticales et animées d'un mouvement de rotation très rapide, 7,000 tours environ par minute.

Chaque fil, avant de s'enrouler autour de l'une d'elles, traverse un petit anneau ouvert, en métal, animé d'un mouvement de translation curviligne, guidé par le rebord circulaire d'une pièce ayant la forme d'un cylindre creux, dans l'axe duquel passe la broche correspondante (2). Tous ces cylindres sont fixés à une même pièce horizontale, animée d'un mouvement de va-et-vient vertical, qu'elle leur communique.

La broche, en tournant, entraîne avec elle l'anneau que le fil traverse, mais celui-là est en retard sur elle dans son mouvement de rotation, et il agit par suite sur le fil pour lui donner de la torsion.

Le mouvement alternatif vertical de chaque pièce cylindrique à rebord est communiqué au fil par l'anneau dans lequel il passe. L'enroulement des spires autour de la broche qui se trouve au centre de chaque cylindre est ainsi déterminé.

Titrage des fils.

On désigne ainsi le rapport d'une longueur donnée d'un certain fil à un poids invariable.

(1) L'honneur en revient à un Français, M. Vimont, de Vire (Calvados).

(2) Cet anneau, se nomme curseur; il y en a, pour chaque métier, un assortiment de plus de 50 numéros, variant de poids et de dimensions, suivant la nature des fils à produire.

Ce titrage, ou taux, varie suivant les régions.

En Normandie, le taux usité est celui d'Elbeuf et de Louviers, en conséquence duquel on donne le nom de *livre* à 3600 mètres d'un même fil.

On donne le nom de *quart* à une longueur de 900 mètres, et le nom de *son* à une longueur de 90 mètres.

Telles sont les longueurs prises pour bases.

Le poids est cinq cents grammes.

D'où il résulte qu'un fil est au taux d'une livre, ou, comme on dit ordinairement, de quatre quarts, lorsqu'il en faut une longueur de 3600 mètres pour peser $0^{kg},500$.

Un fil serait de sept quarts, s'il en fallait $7 \times 900 = 6{,}300$ mètres pour peser $0^{kg},500$.

Enfin un fil serait de onze quarts trois sons, ou en d'autres termes, de deux livres, trois quarts, trois sons, s'il en fallait une longueur de $11 \times 900 + 3 \times 90 = 10170$ mètres pour peser $0^{kg},500$.

Un kilogramme contiendrait donc 22 quarts et 6 sons de ce fil, ou 5 livres 2 quarts 6 sons.

L'emploi de ces anciennes notations a moins d'inconvénients, lorsqu'elles se rapportent à une industrie dont toutes les branches sont groupées autour des mêmes centres.

Après les opérations du filage, et, s'il y a lieu, du retordage, on forme les fils en échevettes à l'aide du dévidoir.

Celui-ci est composé d'un tambour, dont le développement circonférentiel est en rapport avec le mode de titrage usité, c'est-à-dire qu'en Normandie, par exemple, il est un sous-multiple de 90 mètres.

Le son d'un timbre avertit automatiquement l'ouvrière, chaque fois que 90 mètres sont enroulés, et lorsque la longueur totale voulue est atteinte, on retire les échevettes, on les tord, et on les noue afin de faciliter leur transport.

A ce moment, le rôle de la filature est terminé, les fils vont être apprêtés pour le tissage.

Ils sont divisés en deux grandes catégories, les fils de *chaîne* et les fils de *trame*.

On donne le nom de chaîne à l'ensemble des fils qui, placés longitudinalement dans le drap à produire, ont dû être à tour de rôle levés ou baissés, pour permettre le passage entre eux de la navette porteuse du fil de trame.

Celui-ci a besoin de moins de solidité que les fils de chaîne, qui doivent être très résistants.

La torsion a été moins énergique pour les fils de trame que pour les fils de chaîne, les fils de trame pourront dans la suite donner plus de garni au tissu.

Le métier à filer les forme en cannettes qui n'ont plus qu'à subir, s'il y a lieu, l'opération du mouillage pour devenir prêtes à être placées dans les navettes.

L'emploi du métier continu oblige à une opération supplémentaire, d'ailleurs très rapide, qui a pour but de transformer les fusées en cannettes.

Les fils de chaîne doivent d'abord subir l'opération du bobinage, par laquelle ils sont enroulés sur des fuseaux en bois, de manière à former des bobines contenant une longueur déterminée de fil.

On emploie dans ce but une machine nommée bobineuse. Conduite par une seule ouvrière, cette machine peut produire à la fois 40 bobines qui sont destinées à l'alimentation de l'ourdissoir.

Ce dernier appareil peut être disposé pour fonctionner à la main, ou pour fonctionner automatiquement.

Son emploi a pour but le classement des fils de chaîne ; il est destiné à faciliter et à simplifier les opérations subséquentes, qui disposent les fils parallèlement les uns aux autres, avec une tension aussi uniforme que possible, dans l'ordre indiqué par le dessin à produire.

Pour opérer l'ourdissage à la main, on dispose les bobines sur un râtelier double, c'est-à-dire formé de deux râteliers égaux faisant entre eux un angle très ouvert; cet appareil est formé de montants verticaux en bois, réunis par des planches ou tablettes en bois disposées horizontalement, et espacées les unes des autres, dans le sens vertical, de manière à permettre le placement des bobines, qui sont ordinairement au nombre de 40.

Chacune de celles-ci peut tourner autour d'un axe vertical, en fer, qui traverse le fuseau en bois autour duquel le fil est enroulé.

On prend d'abord à ces bobines un groupe de 20 fils, on les noue tous ensemble par une de leurs extrémités; puis on les sépare les uns des autres en passant le premier par dessus une barre d'envergure, le second par dessous, le troisième dessus, et ainsi de suite. On a ainsi deux groupes, l'un formé des fils impairs, l'autre des fils pairs.

A l'aide d'une seconde baguette d'envergure, on complète ce classement en faisant passer au-dessous d'elle ceux qui avaient été passés sur la précédente, et réciproquement. Ce classement est facilité par l'emploi d'un peigne ayant la forme d'un trapèze, indiqué *pl. 5, fig. 1*.

Les intervalles de rangs pairs ont reçu une goutte de soudure, un peu au dessous de la base supérieure; et les intervalles de rangs impairs, un peu au-dessus de la base inférieure.

Tous les fils du groupe sont passés vers le milieu du trapèze, et, quand on abaisse celui-ci, les fils de rangs pairs sont abaissés et séparés des autres.

On forme ainsi deux couches; l'une contenant les fils de rangs pairs, l'autre, les fils de rangs impairs.

L'action du peigne, telle qu'elle vient d'être décrite, place ces deux couches l'une au-dessus de l'autre, et il est par suite facile de passer la barre d'envergure entre elles.

Une opération semblable, mais de sens contraire, permet de placer la seconde barre d'envergure. On les remplace ensuite toutes deux par des ficelles que l'on noue, puis on fixe l'extrémité nouée du groupe de fils, à la partie inférieure de la périphérie d'un cylindre vertical, à claire-voie, que l'on fait tourner autour de son axe, jusqu'à ce que l'on ait enroulé le groupe de fils autour de lui en une hélice ayant pour longueur celle des fils de la chaîne à établir.

On comprend la nécessité de ces précautions, en songeant que le nombre total des fils de chaîne peut être de 4,000.

Lorsqu'il s'agit de draps façonnés, ayant une chaîne composée de fils de diverses natures et nuançages, chacun d'eux est mis à sa place par l'ourdissage.

Après l'installation du premier groupe sur le cylindre vertical on procède de la même manière pour un second, et ainsi de suite.

Ces groupes doivent être ensuite retirés de ce cylindre, pour être livrés à l'encollage.

Quand l'ourdissage se fait mécaniquement, à l'aide d'un appareil spécial, les fils destinés à la chaîne sont encore divisés en groupes, qui viennent s'enrouler sur des ensouplets, petits cylindres en bois, à deux joues en tôle, d'ordinaire au nombre de 6 pour correspondre à une chaîne entière (1).

Chacun d'eux contient donc, quand l'ourdissage est terminé, la sixième partie du nombre des fils de la chaîne; c'est-à-dire que si celle-ci a 3,000 fils, chaque ensouplet en portera 500.

La longueur d'un fil de chaîne est égale à la longueur du drap que l'on veut produire, augmentée de l'embuvage, c'est-à-dire de la longueur qui sera employée pour les sinuosités du fil de chaîne autour de tous les fils de trame, au-dessus et au-dessous desquels il passera, et augmentée aussi du retrait qui résultera du foulage.

L'enbuvage dépend de la grosseur des fils employés; le retrait

---

(1) Il existe aussi d'autres systèmes d'ourdissage mécanique. Il en existe notamment qui prennent les fusées du métier continu, sans qu'elles aient eu besoin de subir l'opération du bobinage.

Certaines machines à encoller, encollent en une seule fois la chaîne complète, au lieu de procéder par fractions, etc.

causé par le foulage varie avec les tissus à établir, il peut s'élever jusqu'à la septième partie de la longueur qu'avait le tissu avant le foulage; c'est ce qui a lieu, par exemple, pour certains draps unis.

Enfin, il y a une longueur de fils de chaîne, en avant de la première duite et en arrière de la dernière, qui ne sont pas utilisés ainsi qu'on le verra dans la description du métier à tisser.

L'encollage des fils de chaîne, qui se pratique après l'ourdissage, a pour but de leur donner plus de ténacité, et de les rendre plus capables de résister aux frottements et aux tractions qu'ils subissent pendant le tissage.

Il consiste à enduire ces fils d'une colle préparée avec de la gélatine, provenant ordinairement de peaux, de tendons, etc.

Cette opération de l'encollage est très délicate; les fils trop encollés sont cassants, et ceux qui le sont trop peu ne résistent pas aux efforts auxquels ils sont soumis pendant le tissage.

L'encollage s'opère, soit avec un appareil ne comportant pas le séchage, qui dans ce cas se fait à part; soit à l'aide d'une machine nommée *encolleuse* munie d'un appareil séchant les fils, par chauffage et par ventilation.

Une encolleuse mécanique peut produire par jour 1000 à 1200 mètres de chaîne, sur une largeur de 2^{m} à $2^{m},50$.

Les fils encollés sont prêts pour être montés en chaîne sur le métier à tisser.

Les fils de trame doivent, lorsqu'on veut tisser serré, être humectés d'eau avant d'être placés dans les navettes.

On emploie pour cela un appareil spécial, dont l'action est régularisée à l'aide d'une essoreuse; dont on se sert ensuite pour empêcher que les fils demeurent trop mouillés.

Cette opération se pratique immédiatement avant le tissage; elle a pour but de faciliter le serrage des fils de trame dans le tissu (1).

(1) Voir « Mouillage des trames » par M. Chédeville, Bulletin technologique de la Société des anciens élèves des écoles nationales d'Arts et Métiers, juillet 1887.

Montage des fils de chaîne sur le métier à tisser.

Les fils doivent être d'abord enroulés autour d'un cylindre en bois, à axe en fer, que l'on nomme *ensouple*, et qui appartient au métier à tisser.

Le diamètre ordinaire de ce cylindre est d'environ $0^m,40$.

On lui a préalablement cloué, suivant toute la longueur de l'une de ses génératrices, l'extrémité d'une forte toile dont la largeur est assez grande pour qu'elle puisse être enroulée une fois autour de l'ensouple.

A son extrémité opposée à celle que l'on a clouée à l'ensouple, cette toile est percée de trous garnis d'œillets en métal, dans lesquels on fait passer une forte ficelle à l'aide de laquelle on relie cette toile à une tringle de fer, qui passe elle-même dans les branches ou fractions de la chaîne, dont la formation a été établie par l'ourdissage.

Les fils ont donc gardé les positions respectives que cette opération leur avait données, ce qui permet, à l'aide d'un crochet ou passette, de les choisir, pour les faire passer d'abord dans les maillons *m (pl. 6, fig. 4, 5 et 6)*, suspendus entre les baguettes de bois *bb;* puis entre les broches du peigne ou ros *f*, *(fig. 4 et 6)*, et enfin de les diriger vers le cylindre *g*, *fig. 4 et 6*, où ils sont fixés par groupes, aux œillets d'une toile qui lui est clouée par une de ses extrémités longitudinales. Le tissu s'enroulera autour de ce rouleau, au fur et à mesure que s'opérera le tissage.

On donne le nom de lames à l'ensemble formé par deux baguettes de bois, telles que *b*, *b*, et par les petites ficelles qui les relient aux maillons *m*.

Le peigne, ou ros, est composé d'une suite de broches en laiton, très fines, bien droites et parallèles les unes aux autres. Ces broches sont maintenues à chacune de leurs extrémités par une baguette à laquelle elles sont fixées.

Suivant les circonstances, on fait passer deux, trois, quatre ou cinq fils entre deux broches consécutives du ros.

On désigne sous le nom de *remettage*, ou de *rentrage*, l'opération qui consiste à rentrer les fils de chaîne dans les maillons des lames par lesquelles ils devront être actionnés pendant le tissage.

La lame qui est le plus éloignée de l'ouvrier, ou, en d'autres termes, qui est le plus proche de l'ensouple *h*, reçoit le nº 1, ou bien se nomme *première lame*.

Les maillons, et par suite les fils de chaîne, sont comptés de gauche à droite, en faisant face à l'enroulement du drap, c'est-à-dire en occupant la position de l'ouvrier tisserand.

Si maintenant nous supposons que le métier soit monté simplement avec deux lames *(pl. 6, fig. 4 et 6)*, et que le premier fil de gauche soit passé dans le premier maillon de gauche de la 1re lame, le 2e fil dans le second maillon de gauche de la 2e lame, le 3e fil dans le troisième maillon de gauche de la 1re lame, et ainsi de suite ; lorsque les deux lames seront au même niveau, tous les fils de chaîne se trouveront dans le même plan.

Lorsque la première lame se lèvera *(fig. 4 et 6)*, elle entraînera tous les fils qui ont été passés dans ses maillons, c'est-à-dire la moitié du nombre total des fils de chaîne.

Si alors la navette passe dans l'ouverture, ou espace laissé libre entre les fils soulevés par la lame nº 1, et les fils restés baissés, de la lame nº 2, puis que la lame nº 1 revienne à sa position primitive, on obtiendra un entrelacement dont la *fig. 2, pl. 5*, est en quelque sorte la projection horizontale.

a, b, c, d, etc., sont les fils de chaîne.

A, est le fil de trame qui vient d'être apporté par le passage de la navette.

Si ensuite la lame nº 2 se lève pendant que la lame nº 1 restera baissée, et qu'un second coup de navette soit donné, on aura *fig. 3, pl. 5*, et ainsi de suite.

La quantité dont les fils d'une même lame sont soulevés pour le passage de la navette, se nomme *foule*.

On donne le non de *duite* à la partie du fil de trame insérée par un passage de la navette, et représentée dans le tissu par un fil transversal.

Afin de simplifier l'épure d'un tissu, on représente les entrelacements des fils de chaîne et des fils de trame en se servant de papier quadrillé. On indique par des carrés noirs les points où la duite passe dessous les fils de chaîne, et par des carrés blancs les points où la duite passe sur les fils de chaine.

L'épure *fig. 3* devient donc *fig. 4, pl. 5.*

Les interlignes verticaux représentent les fils de chaîne, et les interlignes horizontaux représentent les fils de trame.

On compte les duites de bas en haut; celle du bas indique le fil de trame le plus rapproché de l'ouvrier, c'est-à-dire celui qui a été passé le premier.

Si l'épure représentait la 4e et la 5e duite, elle deviendrait *fig. 5*, indiquant bien que dans ce cas particulier d'un tissu établi avec deux lames se levant alternativement, la première duite est semblable à la 3e et à la 5e, et que la 2e est semblable à la 4e, etc.

Il en résulte que la formation ou contexture du tissu peut être entièrement indiquée par les entrecroisements des deux premiers fils de chaîne avec les deux premières duites, c'est-à-dire par l'épure *(fig. 6, pl. 5).*

On donne à cette épure, et à toutes celles qui indiquent la contexture d'un tissu, le nom générique de *mise en carte.*

Lorsque celle-ci est réduite à sa plus simple expression, ainsi que cela a lieu *fig. 6*, on lui donne le nom d'*armure;* en Normandie, on lui donne le nom de *bref.*

Le papier quadrillé spécial employé porte le nom de *papier de mises en cartes.*

On désigne sous le nom de *rapport-chaîne*, ou *réduction-chaîne*, le nombre des fils de chaîne nécessaires pour établir l'armure; et on désigne sous le nom de *rapport-trame*, ou *réduction-trame*, le nombre des fils de trame, ou en d'autres termes le nombre de duites nécessaires pour obtenir ce même résultat.

Enfin, on désigne sous le nom de *rapport d'armure*, le nombre de fils de chaîne et le nombre de fils de trame indiqués par l'armure ou bref du tissu.

Celui de l'exemple précédent est de 2 fils de chaîne pour 2 fils de trame; cette armure porte le nom de *toile;* elle est produite en faisant lever à la fois, pour un passage de la navette, tous les fils impairs de la chaîne, puis tous les fils pairs pour le passage suivant, et ainsi de suite.

On établit, avec cette armure, tous les tissus qui ont besoin d'une grande solidité; tels sont les draps pour vêtements militaires, les draps pour voitures de chemins de fer, etc.

Lorsqu'on fait lever un fil sur trois, pour le passage de la navette, et que pour le passage suivant, on fait lever le fil voisin du précédent, en gardant toujours la proportion d'un levé pour deux baissés, on forme un des types du tissu nommé *Sergé*, dont l'armure ou bref est indiquée *fig. 7, pl. 5*. C'est le sergé de trois.

Il y a le sergé de quatre, le sergé de cinq, que l'on obtient de même en faisant lever un fil sur quatre, un fil sur cinq.

Armure croisé, ou Batavia.

Cette armure est composée de quatre fils au rapport chaîne (*fig. 8, pl. 5*).

La première duite passe sous les deux premiers fils de chaîne, comptés à partir de la gauche.

La 2e duite passe sous le 2e et le 3e fil de chaîne.

La 3e duite passe sous le 3e et le 4e fil de chaîne.

La 4e duite passe sous le 4e et le 1er fil de chaîne.

Cette armure peut être aussi établie avec 6 fils ou 8 fils de chaîne.

Pour 6 fils, on ferait lever, pour le passsage de la première duite, les 3 premiers fils de gauche, pour le passage de la seconde, les 2e, 3e et 4e fils, etc.

Armure satin.

Si une armure est composée de 5 fils au rapport chaîne, et que pour la 1er duite on fasse lever le premier fil de chaîne,

pour la 2e duite, le 3e fil de chaîne,

pour la 3e duite, le 5e fil de chaîne,

pour la 4e duite, le 2e fil de chaîne,

pour la 5e duite, le 4e fil de chaîne,

on obtient l'armure satin de 5, indiqué par le bref *(fig. 9)*.

La marche suivie pour l'établissement de ce tissu diffère de celle suivie pour les précédents, puisque, au lieu de faire lever, pour le passage de la seconde duite, le fil de chaîne immédiatement voisin du premier parmi ceux qui avaient été levés pour la précédente, on laisse ce second fil au repos, et on fait lever le 3e.

En général, on nomme *décochement* le nombre représentant le rang d'un fil levé pour le passage d'une duite, par rapport à celui qui a été levé pour le passage de la duite précédente.

Dans le toilé, le sergé, le croisé, le décochement est de un; d'où résultent les diagonales caractéristiques de ces tissus.

Dans le satin, le décochement doit toujours être un nombre plus grand que l'unité, et il doit être premier avec le nombre des fils du rapport-chaîne; de sorte que les diagonales n'existent pas, et que, dans l'armure, chaque fil de chaîne ne passe qu'une fois sur la trame.

Dans l'exemple donné *fig. 9*, le décochement est de 2, le nombre de fils de chaîne est de 5.

Si le nombre de fils de chaîne était de 8, il faudrait que le décochement soit de 3 ou de 5, etc.

Les satins peuvent être par effet de chaîne ou par effet de

trame; les tissus ayant cette armure pour base sont caractérisés par leur aspect brillant.

Les sergés peuvent de même être à effet de chaîne ou à effet de trame. La *fig. 7* indique un sergé de 3 par effet de trame.

L'envers d'un sergé de trame est un sergé de chaîne avec diagonales de direction contraire à celles de l'endroit.

Ces quatre armures, toile, sergé, croisé, satin, servent de bases pour la plupart des armures dessins, dont la variété est infinie.

Elles reçoivent, pour cette raison, le nom *d'armures fondamentales*.

Dans l'établissement des dessins, elles sont employées seules ou combinées entre elles.

Dans l'épure d'une armure, on représente aussi les lames à employer, le mode de rentrage, et l'ordre dans lequel se produiront les foules.

Les lames sont indiquées par des lignes horizontales, les fils de chaîne par des lignes verticales, et les maillons dans lesquels ils passent, par des points ronds.

En donnant, comme il a été dit, le n° 1 à la lame la plus éloignée de l'ouvrier, on a donc *(fig. 10, pl. 5)* :

La première lame en se levant, produira la levée ou foule des fils de chaîne de rangs impairs.

La seconde produira la levée des fils de rangs pairs.

Des lignes verticales, tracées entre celles qui représentent les fils de chaîne, indiquent le nombre de ceux-ci qui doivent être passés entre deux broches consécutives du ros.

L'épure *fig. 11* indique le passage de deux fils à la fois entre deux broches consécutives du ros.

Pour représenter graphiquement les foules, on indique les lames de la même façon que précédemment, et on trace des lignes verticales dont la première à droite porte le n° 1.

Un $\times$ inscrit au point de rencontre de l'une de ces lignes verticales avec une lame, indique une levée ou foule de cette lame.

De manière qu'en reprenant l'exemple précédent, on aura l'épure *(fig. 12, pl. 5)*, indiquant que la 1re lame sera levée pour la première duite, la 2e pour la deuxième duite, etc.

Un tissu est représenté par son armure, et le fonctionnement du métier qui devra le produire est montré par les épures indiquées ci-dessus.

Pour l'armure toile on aura donc *pl. 5, fig. 13, 14, 15.*

Dans le tissu établi avec l'armure toile, à cause du grand nombre de fils que chaque lame aurait à soulever, on dédouble ceux-là, c'est-à-dire que le 1er fil passe dans un maillon de la 1re lame;

le 2e dans un maillon de la 3e ;

le 3e dans un maillon de la 2e ;

le 4e dans un maillon de la 4e ;

le 5e dans un maillon de la 1re, etc.

Pour la 1re duite, on fait alors lever les deux premières lames, c'est-à-dire le 1er, le 3e, le 5e fils.

Pour la 2e duite, on fait lever la 3e et la 4e lame, c'est-à-dire tous les fils de rangs pairs, qui étaient restés baissés lors du passage de la duite précédente.

En comptant quatre fils en broches pour le rentrage au ros, les épures ci-dessus deviennent donc *pl. 5, fig. 16, 17, 18.*

L'armure sergé de 3 serait représentée *fig. 19, 20* et *21* pour 3 fils en broches du ros.

Le batavia ou croisé, 4 fils en broches, serait *fig. 22, 23, 24.*

L'armure satin de 5, 5 fils en broches, *fig. 25, 26, 27.*

Il y a plusieurs manières d'opérer le rentrage, pour une même armure, à condition, bien entendu, de faire varier en conséquence l'ordre dans lequel les foules se succèdent.

Le satin de 5, par exemple, peut être aussi représenté comme il est indiqué *fig. 28, 29, 30.*

A l'aide du rentrage on obtient différents effets d'une même armure, comme on le voit dans l'exemple *(fig. 31, 32)* d'un chevron établi avec l'armure sergé.

Pour l'obtenir, il faut *(fig. 33 et 34)* que le 1er fil soit rentré dans la 1re lame; le 2e fil dans la 2e lame; le 3e fil dans la 3e.

Puis, à la 1re foule, faire lever la 1re lame, et par suite le 1er fil,

à la 2e	—	—	2e	—	2e
à la 3e	—	—	3e	—	3e
à la 4e	—	—	2e	—	2e

à la 5e qui recommence l'armure, et qui peut porter en conséquence la désignation no 1, on fait à nouveau lever la 1re lame, et ainsi de suite.

C'est ce mode de fonctionnement des levées des lames que l'on nomme le *marchage à retour*.

En combinant le marchage à retour avec le remettage indiqué *fig. 36*, c'est-à-dire en faisant passer le 1er fil dans la 1re lame; le 2e fil dans la 2e lame; le 3e fil dans la 3e lame; le 4e fil dans la 2e lame; le 5e fil dans la 1re lame, on obtient un autre dérivé du sergé *(fig. 35)*.

La 1re foule sera de la 3e lame, elle fera lever le 3e fil *(fig. 37)*;

La 2e foule sera de la 2e lame, elle fera lever le 2e et le 4e fils;

La 3e foule sera de la 1re lame, elle fera lever le 1er et le 5e fils;

La 4e foule sera de la 2e lame, elle fera lever le 2e et le 4e fils;

La 5e foule sera de la 3e lame, elle fera lever le 3e fil.

On conçoit aisément que l'on peut employer d'autres systèmes de rentrages, que ceux indiqués ci-dessus; en ayant soin de ne faire entrer dans les maillons d'une même lame, que les fils destinés à fonctionner ensemble, soit comme levés, soit comme baissés, pendant toute l'exécution de l'armure.

Les fils qui ne sont pas dans cette condition, doivent nécessairement être rentrés dans des lames différentes.

Pour établir des bandes longitudinales dans un tissu avec une armure, ce tissu ayant pour fond une armure différente de la précédente; par exemple des bandes de satin sur fond toilé, il suffit d'employer deux groupes de lames, dont l'un produisant l'armure toilé, et ayant, rentrés dans ses maillons, tous les fils de chaîne qui formeront le fond du tissu; l'autre groupe de lames sera destiné à produire l'armure satin, et aura par conséquent tous les fils des bandes longitudinales en question, rentrés dans ses maillons.

Pour le passage de la 1re duite, la 1re lame de la toile, et la 1re lame du satin se lèveront.

Pour la 2e duite, la 2e lame de la toile et la 2e lame du satin;

Pour la 3e duite, la 1re lame de la toile et la 3e lame du du satin, et ainsi de suite.

Si l'on a choisi le satin de 5, la 5e lame du satin correspondra à la 1re lame de la toile.

Pour que les deux armures finissent ensemble, il faudra un nombre de duites divisible à la fois par le rapport trame de chaque armure.

Dans le cas présent, ce nombre de duites sera 10, qui est divisible à la fois par 2 et par 5.

Afin de maintenir les duites, et afin de conserver au tissu, pendant le tissage, une largeur convenable, et une surface plane, on dispose aux extrémités de la chaîne des fils parallèles aux siens, mais plus solides, et aussi plus grossiers.

On donne le nom de *lisières* aux deux bandes qui en résultent sur les bords du drap.

Si l'on employait à la fois deux chaînes superposées pour produire un même tissu, tout en ne se servant que d'une seule navette, et que l'on fasse d'abord passer une duite entre les fils de la chaîne supérieure considérée comme si elle était seule, c'est-à-dire en laissant baissés tous les fils de la 2e chaîne; puis que l'on fasse lever tous les fils de la 1re chaîne, et une partie de la 2e, de manière à lancer la duite dans celle-ci considérée comme étant seule; et ainsi de suite, on obtiendrait un tissu double, pouvant être comparé à une sorte de tube aplati, établi d'une seule pièce.

En appliquant ce principe de l'emploi de deux chaînes, reliées entre elles à l'aide de la trame, on peut établir un tissu dont l'envers pourra être considéré comme étant la doublure, et être établi avec une armure différente de celle de l'endroit (1).

On emploie aussi, quand le dessin l'exige, des duites supplémentaires de nuances différentes, concourant avec la duite de fond pour former le tissu.

Chacune de ces duites supplémentaires n'est lancée, bien entendu, que quand le nuançage du dessin l'exige.

Pendant l'établissement des autres parties du tissu, la navette spéciale qui porte cette duite, reste en dehors, et au repos.

Quand l'action d'aucune des navettes porte-duites supplémentaires n'est nécessaire, la duite de fond est seule à fonctionner.

Les combinaisons qui peuvent être établies à l'aide des procédés généraux indiqués ci-dessus, permettent d'établir des tissus très variés.

C'est au dessinateur à les choisir.

Il établit d'abord une esquisse représentant le dessin, puis une mise en carte correspondante.

On tisse ensuite un échantillon sur un petit métier destiné spécialement à cet usage, puis on fait des rectifications s'il y a lieu, après quoi on peut prendre toutes les dispositions nécessaires pour l'exécuter en pièces de drap.

Pour déterminer l'armure qui a servi à établir un tissu existant, il faut prendre un échantillon de ce tissu, puis, en s'aidant d'une loupe et d'une aiguille, défaire l'un après l'autre les entrelacements de la duite supérieure avec les fils de chaîne, en notant l'un après l'autre ces entrelacements sur un papier quadrillé; on agit de même pour la duite suivante, et ainsi de suite.

L'armure est indiquée par un dessin complet, indéfiniment reproduit dans le relevé qu'on vient d'établir.

---

(1) Exemples : chaîne en laine cardée à l'envers, en laine peignée à l'endroit, ou en retors à l'endroit, ou en fil de soie ou de coton à l'endroit.

On pourrait évidemment aussi faire cette décomposition, en attaquant l'un après l'autre les fils de chaîne, au lieu des fils de trame.

On peut en même temps voir si l'échantillon a été tissé serré en exerçant une poussée sur une partie de sa surface, et en maintenant le tissu autour de l'endroit où s'exerce cette poussée.

Si l'on soumet un fil de laine pure à l'action de la flamme, il brûlera lentement ; la combustion cessera presque en même temps que le contact avec la flamme, et la partie brûlée aura une odeur caractéristique.

Un fil de coton brûle vivement, et continue à brûler quand on cesse de le mettre en contact avec la flamme.

On peut étudier aussi la quantité de matières animales et végétales qui entrent dans la composition d'un tissu en en soumettant un échantillon à l'action d'un liquide qui attaque l'une de ces matières, sans attaquer l'autre.

Métiers à tisser (pl. 6).

Les métiers employés pour tisser les draps se divisent en deux grandes catégories.

La première renferme ceux dans lesquels le mouvement des lames est déterminé par des excentriques, la seconde renferme ceux qui fonctionnent à l'aide d'une mécanique d'armure, placée soit à la partie supérieure du métier, soit sur le côté.

Dans les premiers, le nombre des lames ne peut guère être supérieur à dix ; ces métiers sont ordinairement à une seule navette.

Les seconds peuvent avoir jusqu'à 24 et même 32 lames, et fonctionner avec plusieurs navettes, c'est-à-dire avec des fils de différentes natures et nuances, pour la trame et pour la chaîne.

Le métier représenté *pl. 6*, *fig. 4 et 6* appartient à la première de ces deux catégories.

Après avoir été encollés, les fils de chaîne ont été soigneusement enroulés sur l'ensouple *h* (*fig. 4*), ils ont été ensuite dirigés un à un, suivant les indications de l'armure à produire au travers des maillons des différentes lames, puis ils ont été conduits par groupes, également désignés par l'armure, entre les broches du ros *f* (*fig. 4 et 6*).

La pièce en bois *a*, nommée *chasse*, a pour longueur toute la largeur du métier. Cette longueur est *c c'* dans le cas de métiers à une seule navette. Quand il s'agit de métiers à plusieurs navettes, la pièce de bois a seulement pour longueur *d e*, et à sa droite, ainsi qu'à sa gauche se trouvent les châssis r, r_1, mobiles verticalement, destinés à recevoir les navettes; la chasse est supportée par deux leviers en fonte *i*, auxquels elle est fixée. L'un est placé vers son extrémité de droite, l'autre vers son extrémité de gauche. Ils portent le nom d'*épées de chasse* et sont articulés en *j*.

Chacun d'eux est relié par une bielle *k*, à un arbre coudé en deux points correspondants, de sorte que la rotation de cet arbre communique aux leviers ou épées de chasse un mouvement d'oscillation qui se traduit par un mouvement de va-et-vient de la chasse suivant un arc dont le centre est en *j*.

Au début des opérations, la chasse occupe la position a_1 (*fig. 4*); elle recule d'abord vers la position *a*.

En même temps, se lève la lame portant les fils qui devront passer sur la première duite.

Si ces fils sont répartis sur plusieurs lames, celles-ci devront toutes se lever, et celles dans lesquelles ont été rentrés les fils de chaîne sur lesquels passera la première duite, devront rester baissées.

Au moment où la chasse arrive en *a*, la navette part et traverse toute la largeur du métier, passant dessous les fils levés, et dessus les autres.

La navette a glissé dans son mouvement sur les fils baissés qui s'appuient sur la chasse, et elle a été maintenue à l'arrière par le ros contre lequel elle glissait en même temps. Le ros est fixé à la chasse.

En passant, la navette a laissé un fil de trame qui s'est déroulé du petit fuseau qu'elle renferme, et qui sort de la navette par une ouverture latérale de celle-ci.

La duite ayant été passée ainsi, la chasse revient vers a_1, emmenant cette duite avec elle ; pendant ce temps du retour de la chasse, la lame ou les lames qui avaient été levées se baissent, la duite insérée entre les fils de ces lames et les autres, est poussée sur toute sa longueur par les broches du ros, qui la fixent à la place qu'elle doit occuper dans le tissu.

Tous ces mouvements se répètent ensuite pour une seconde duite, c'est-à-dire que, de nouveau, la chasse recule, la où les lames portant les fils qui devront passer sur la duite se lèvent, la navette est lancée en sens contraire du précédent, c'est-à-dire que si, pour la première duite, elle a fait son parcours de droite à gauche, pour la seconde, elle ira de gauche à droite, nécessairement; puis, la chasse retourne vers la position a_1, pendant que les lames qui avaient été levées se baissent. Le ros amène la nouvelle duite à la place qu'elle devra occuper dans le tissu, où il la serre contre la précédente, et ainsi de suite.

L'enroulement du tissu autour du rouleau g s'effectue au fur et à mesure de sa production, de même que le déroulement des fils de l'ensouple, qui en est la conséquence obligée.

Le cylindre de renvoi s sert à soutenir les fils dans leur direction de l'ensouple vers les lames; on lui donne le nom de *porte-fils*. La pièce fixe t se nomme *poitrinière*.

Elle guide le tissu qui vient d'être formé ou plutôt elle permet de changer sa direction et de le conduire vers le rouleau v, garni de gros émeri, dont la rotation l'entraîne et l'enroule autour du cylindre g qui s'appuie sur lui.

Ces différents mouvements sont obtenus mécaniquement de diverses manières par les différents constructeurs.

Tous doivent veiller à ce que la chasse soit constamment parallèle à la poitrinière.

L'action du chasse-navettes doit s'exercer dans un plan parallèle à la chasse.

Pour le métier à tisser, comme pour les autres machines, une marche à blanc, marche de rôdage, est nécessaire quand le métier est neuf. On le fait d'abord fonctionner avec la ou les navettes, sans fils de chaîne ni fils de trame, pour vérifier le réglage.

Le mouvement des lames, lorsque leur nombre ne dépasse pas dix est, avons-nous dit, déterminé par des excentriques. Supposons, pour fixer les idées, que ce nombre soit de deux, ce qui est le cas le plus simple, et qu'il s'agisse de produire l'armure toile indiquée *fig. 1, 2, 3, pl. 6.*

Les lames sont mues par l'intermédiaire de leviers auxquels elles sont reliées par de petites chaînes passant sur des poulies de renvoi yy, y_1y_1 (*fig. 4*).

Ces leviers sont placés horizontalement au-dessous du métier, ou verticalement sur le côté. Ce dernier dispositif donne de très bons résultats.

Les leviers oscillent autour d'un axe passant par leur centre. L'extrémité supérieure de chacun est relié avec la baguette supérieure de la lame correspondante, et leur extrémité inférieure, avec la baguette inférieure de cette même lame.

Un tour de l'arbre moteur de la chasse correspond à un mouvement complet du levier moteur de la lame qui agit.

Pendant ce temps, le levier moteur de la lame qui doit pour ce tour-là rester baissée demeure immobile.

Les deux excentriques moteurs des lames étant clavetés sur un même arbre, il faut que cet arbre tourne deux fois moins vite que l'arbre moteur de la chasse, et que la partie excentrée de chaque excentrique ne corresponde qu'à la moitié de la circonférence qui a servi de base pour l'établir.

Un raisonnement semblable fait voir que pour produire un

tissu avec trois excentriques (sergé de 3) il faut que l'arbre sur lequel ils sont clavetés ne fasse qu'un tiers de tour, pendant que l'arbre moteur de la chasse fait un tour.

Pour un tissu exécuté avec cinq excentriques (satin de 5, par exemple) l'arbre moteur des excentriques ne fera qu'un cinquième de tour pendant que l'arbre moteur de la chasse fait un tour.

La navette, au repos, se trouve, soit à droite, soit à gauche de la chasse, dans une sorte de case, ayant pour sol la face supérieure de la chasse, pour face d'arrière, une cloison en bois ou en tôle qui est le prolongement du ros, et pour face antérieure, une pièce de fonte recourbée du dedans au dehors à son extrémité la plus voisine du tissu, afin de faciliter l'entrée de la navette.

Celle-ci est lancée par l'action d'un taquet x, ordinairement en cuir de buffle, placé derrière elle dans sa position de repos.

Ce taquet est guidé par une tringle en fer qui le traverse, et qui est fixée à la chasse; il est conduit par une bande de cuir roulée en spirale, ce qui permet de régler facilement la longueur de cette bande, qui est fixée par l'une de ses extrémités au taquet, et par l'autre, à la tête z des fouets $z_1 z'_1$; ceux-ci oscillent autour des centres oo_1.

Un ressort énergique est spécialement disposé pour chacun de ces fouets, et son action tend à faire passer chacun d'eux de la position z_1 à la position z'_1.

En outre, chaque fouet est soumis à l'action d'une came qui agit sur lui en sens contraire de la tirée du ressort, auquel elle donne la tension voulue, tout en ramenant les fouets, de la position z'_1 qu'ils occupent après avoir lancé la navette, à la position z_1 qu'ils occupent avant le départ de celle ci.

Cette came est à ressaut brusque, de sorte qu'après avoir tendu le ressort et amené le fouet à la position z_1 elle cesse tout à coup d'agir; le ressort attire alors brusquement et avec force le fouet, qui, en partant de z_1 en z'_1, entraîne vivement le taquet auquel il est relié par la bande de cuir z_2. Celui-ci donne une vigoureuse impulsion à la navette placée devant lui, et la lance vers l'autre extrémité de la chasse au travers de l'espace laissé libre entre les fils levés et les fils baissés.

Un petit ressort spécial, fixé à chacune des extrémités de la chasse, ramène le taquet à sa position de départ, pendant que l'un des ressorts énergiques dont il vient d'être fait mention est tendu par l'action de la came correspondante, ou, en d'autres termes, pendant que celle-ci amène à sa position de départ le fouet sur lequel elle agit.

Les deux excentriques moteurs des chasse-navettes sont clavetés sur le même arbre. La partie excentrée de l'un doit donc être disposée en sens contraire de celle de l'autre, et cet arbre doit faire seulement un demi-tour pendant que l'arbre moteur de la chasse fait un tour.

L'ensouple, chargée de fils de chaîne, se déroule au fur et à mesure de la formation du drap, sous la tirée exercée sur les fils de chaîne par le mouvement d'enroulage du tissu.

Or, plus la quantité de fils enroulée autour de l'ensouple est grande, plus est grand le bras de levier à l'extrémité duquel agit l'effort qui tend à faire dérouler les fils.

De sorte qu'un effort égal de la part de l'enroulement du drap ferait, au début de l'opération, dérouler davantage les fils qu'à la fin.

Des freins agissant sur l'ensouple sont installés et doivent être réglés pour compenser cette tendance qu'aurait l'ensouple à livrer plus de fils au commencement qu'à la fin du tissage d'une pièce.

Un dispositif très simple, établi en se servant de l'une des faces latérales de la chasse pour base, arrête le métier lorsque la navette lancée par exemple vers la droite n'y arrive pas, c'est-à-dire s'arrête en route.

Certains métiers sont pourvus d'un mouvement de casseduite, en vertu duquel le métier s'arrête de lui-même quand la duite se rompt.

Dans le sens de sa largeur, le tissu est maintenu au fur et à mesure de sa formation, avec l'aide d'organes nommés templets, fixés à la face supérieure de la poitrinière, l'un à droite, l'autre à gauche. Ils sont armés de picots, qui pénètrent dans les lisières, et tendent le tissu en largeur.

Les séries de mouvements simultanés qui se produisent pour le passage d'une duite peuvent être ainsi résumées,

1° Recul de la chasse.

Lever des lames sous lesquelles passera la duite, c'est-à-dire ouverture de la foule.

Tension du ressort moteur du fouet qui lancera la navette.

2° Détension brusque de ce ressort, d'où résulte le lancement de la navette.

3° Retour de la chasse vers la poitrinière, c'est-à-dire vers la partie tissée précédemment. — Le ros, en y arrivant, insère la nouvelle duite contre la précédente.

Rabaissement de la lame qui vient d'être levée (des lames dans le cas où plusieurs auraient été levées à la fois) c'est-à-dire fermeture de la foule.

4° Enroulement du drap.

Déroulement de la chaîne, ou en d'autres termes, mouvement de rotation de l'ensouple pour livrer de la chaîne.

Ces mouvements se renouvellent ensuite dans le même ordre, c'est-à-dire qu'à nouveau la chasse recule, en même temps qu'une ou plusieurs lames se lèvent, etc.

Métiers à tisser les nouveautés (fig. 6).

Ces métiers peuvent avoir un nombre de lames s'élevant jusqu'à 32.

Ils sont disposés pour fonctionner avec plusieur navettes. Ordinairement leur mécanisme permet d'en employer jusqu'à 5. et même 7.

En conséquence, le constructeur a disposé à chacune des extrémités de la chasse, dont la longueur alors n'est que *d*, *c*, un châssis mobile dans le sens vertical, comportant trois et même quatre cases, indiquées en profil, *fig.* 7, au nombre de 3 pour 5 navettes, et dessinées à leurs positions de travail en r et r_1, *fig.* 6. Ce châssis est guidé par un cadre en fonte fixé à l'extrémité de la chasse, auquel est adaptée la tringle guide-taquet.

On donne quelquefois à ces cases le nom de boites.

Elles sont étagées l'une au-dessus de l'autre, de manière que l'on puisse, en élevant ou baissant l'un de leurs groupes d'une certaine quantité, amener à volonté le sol de l'une ou l'autre d'entre elles au niveau de la chasse.

La *fig.* 6 indique que la case supérieure de gauche vient de recevoir une navette sortie de la deuxième case de droite.

Si on fait lever le châssis de gauche, de manière à amener le sol de sa case inférieure au niveau de la chasse, ce sera la navette placée dans cette case qui sera lancée, par l'action du fouet dans la deuxième case de droite qui est vide.

On pourra ensuite faire baisser, par exemple, le châssis de droite et envoyer la navette contenue dans la case supérieure vers la case inférieure du châssis de gauche, etc.

Le fonctionnement des duites spéciales est indiqué sur la mise en carte par le dessinateur.

Au lieu d'être étagées comme il vient d'être dit, les cases peuvent être disposées autour d'un axe, qui fait une fraction de tour pour présenter l'une ou l'autre d'entre elles à l'action du chasse-navette.

A cause de cette particularité, on donne aux métiers qui fonctionnent ainsi le nom de métiers à revolver.

Mécaniques d'armure (application directe du principe de la mécanique Jacquard) (pl. 6).

Supposons d'abord qu'une lame d'un métier à tisser soit suspendue à un crochet d'acier, comme celui qui est indiqué *fig. 8 et 9*; ce crochet traverse une pièce nommée épinglette, qui est percée en conséquence d'une ouverture dans laquelle il a du jeu.

Il repose à sa partie inférieure sur une plaque de fonte *b*, percée d'un trou fraisé *c*, au travers duquel passe le tirant *d*, qui relie le crochet à la lame.

Les deux extrémités de l'épinglette sont cylindriques. Celle de gauche traverse une plaque fixe *a*, qui est percée en conséquence, et qui de ce côté lui sert de guide.

Deux autres plaques a_1, a_2, se trouvent à droite de l'appareil tel qu'il est indiqué sur le dessin.

La première, a_1, est percée de trous ayant en diamètre deux millimètres de plus que ceux de la seconde; car la fusée de droite de l'épinglette est à deux diamètres, établie dans cette proportion.

La plaque guide a_1, est fixée au bâti de la mécanique d'armure, et la plaque a_2 lui est reliée par des entretoises telles que *e*, *e*, simples ou doubles, placées à chacune de ses extrémités et, si cela est nécessaire, une au milieu.

Un petit ressort à boudin s'enroule autour du petit diamètre de la fusée de droite de l'épinglette.

Il s'appuie d'un côté sur la plaque a_2, et de l'autre, sur le grand diamètre de cette fusée. Son action sur l'épinglette pousse le crochet qui traverse celle-ci vers le couteau, jusqu'au moment où l'extrémité de la partie à grand diamètre de l'épinglette s'affleure avec la face a_1, de la plaque.

La *fig. 8* indique cette situation.

Il en résulte que le biseau du couteau, quand celui-ci s'élèvera verticalement, entrera dans l'angle du crochet; puis, continuant à s'élever, entraînera ce dernier, et par suite la lame à laquelle il est relié.

En exécutant ensuite son mouvement vertical de retour, c'est-à-dire de haut en bas, il laissera redescendre le crochet et la lame à leurs positions primitives, attirés qu'ils seront dans leur mouvement de descente, par leur poids propre, augmenté du poids de tiges en plomb que l'on attache, dans ce but, à la baguette inférieure de chaque lame.

Mais si au début on avait poussé l'épinglette par une pression sur la partie extérieure de la fusée de gauche qui saillit en dehors de la plaque *a*, le crochet eût été repoussé en même temps et fût venu occuper la position indiquée *(fig. 9)*.

Le couteau, en s'élevant, aurait passé devant le bec du crochet, sans le toucher, et la lame n'aurait pas été soulevée.

Les plaques guides a, a_1, a_2, sont percées d'une ou plusieurs rangées de trous, suivant le nombre de lames.

Dans chaque rangée, les trous sont à distances rigoureusement égales les unes aux autres; et ces rangées sont disposées de manière que les trous soient en quinconce pour économiser la place.

Le nombre total des trous est égal à celui des épinglettes à employer, c'est-à-dire au nombre des crochets.

Ce dernier est égal au nombre des lames, augmenté de celui des crochets nécessaires pour le mouvement des châssis de cases à navettes, qui, eux aussi, sont conduits par l'armure.

Voici comment on opère pour obtenir automatiquement le lever ou le baisser de certaines lames, suivant les exigences du dessin à produire.

Un prisme *(f)*, à section carrée, a chacune de ses faces percée de trous ayant mêmes diamètre et écartements que ceux de la plaque guide *a*.

De manière que si ce prisme était animé d'un mouvement

de translation horizontale, dirigé vers cette plaque, toutes les épinglettes entreraient dans les trous dont est percée la face *g* (*fig. 11*); il en serait de même si ce mouvement était exécuté après que le prisme aurait reculé et en même temps fait un quart de tour (*fig. 15*). Ce qui l'amènerait à présenter une autre de ses faces au contact de la plaque *a*.

Or si l'on fixait devant la face *g* une bande de carton ayant mêmes longueur et largeur que cette face, tous les trous de celle-ci seraient obstrués.

Si alors on faisait avancer le prisme, toutes les épinglettes et par suite tous les crochets seraient repoussés; de sorte que le couteau n'en enlèverait aucun dans son mouvement ascensionnel, et que toutes les lames resteraient baissées.

Mais si cette bande de carton était, de place en place, percée de trous correspondant à ceux du prisme, et de diamètres égaux à ceux de cet organe, quand celui-ci, sous l'impulsion du mouvement horizontal supposé, viendrait vers la plaque *a*, les épinglettes se trouvant vis-à-vis des trous percés dans le carton entreraient dans ceux-ci; les crochets correspondants ne seraient pas repoussés et seraient pris par le couteau dans son mouvement ascensionnel; ils entraîneraient avec eux les lames auxquelles ils sont fixés.

Les autres crochets seraient repoussés, et leurs lames resteraient baissées.

Si donc on établit pour chaque duite un carton percé en regard des épinglettes qui correspondent aux lames devant se lever, et que l'on forme une chaîne sans fin en reliant les cartons ainsi établis, dans l'ordre que doivent occuper dans le dessin les duites successives; si l'on place le premier carton de cette chaîne devant la face antérieure *g* du prisme, le second sur la face supérieure *h*, le troisième contre la face postérieure *j*, et que, pour la première duite, on fasse avancer le prisme suivant la direction *kl* (*fig. 11 et 12*), le couteau, dans le mouvement ascensionnel qu'il exécutera ensuite, enlèvera avec lui les seuls crochets correspondant aux lames qui doivent être levées pour le passage de cette duite (1).

Le carton n° 1 (*fig. 14*) est percé de trous qui permettraient l'entrée des épinglettes n°s 7, 16, 29.

Le carton n° 2 permettrait l'entrée des fusées d'épinglettes n°s 23, 27.

Les lames correspondant aux épinglettes n°s 7, 16, 29 seraient donc seules levées à la suite de l'action du carton auquel nous avons donné le n° 1.

Les lames correspondant aux épinglettes n°s 23 et 27 seraient seules levées à la suite de l'action du carton n° 2, etc.

La figure 12 indique deux rangs de crochets. Un crochet du premier rang a été pris par le couteau, et un crochet du second rang, qui avait, à temps voulu, été repoussé par son épinglette, n'a pas été pris par le couteau.

Quand la duite aura été lancée, le prisme reculera, et en reculant, fera sur lui-même un quart de tour, de manière à remplacer la face *g* par la face *h*, et le carton n° 1 par le carton n° 2.

Puis le prisme s'avancera de nouveau vers *a*, il repoussera tous les crochets qui doivent rester baissés pour le passage de la prochaine duite, et laissera entrer dans les trous du carton, qui d'ailleurs correspondent aux siens propres, les fusées des épinglettes correspondant aux crochets des lames qui doivent être levées pour le passage de cette même duite.

Le couteau ensuite s'élèvera, entraînant ces lames avec lui, puis la navette sera lancée, etc.

---

(1) Chacune des faces du prisme, auquel on donne communément le nom du cylindre, possède à son extrémité de droite et à son extrémité de gauche un repère saillant, en fer, de forme conique. Chaque carton est percé de trous disposés à ses extrémités pour correspondre à ces repères.

Ces trous des cartons sont garnis d'œillets métalliques dans lesquels entrent les repères. La position du carton sur le cylindre est ainsi déterminée de manière que les trous dont il est percé pour le passage des fusées d'épinglettes soient bien placés devant les trous de la face du cylindre.

Quand la mécanique d'armure est placée sur le côté du métier, elle agit sur les lames par l'intermédiaire de leviers, unis à celles-ci par des chaînes et des galets de renvoi.

Il arrive alors, dans plusieurs types de métiers, que les cartons percés de trous sont remplacés par des organes métalliques agissant directement sur les crochets, qui sont disposés horizontalement et reliés par une articulation, chacun avec le levier moteur de la lame dont il doit régler l'action.

Ces organes métalliques forment entre eux une chaîne sans fin; ils sont plus ou moins saillants, suivant que les crochets, au-dessous desquels ils viennent se placer, doivent être soulevés ou non.

Si le crochet est soulevé, le couteau entre dans son encoche et la lame se lève.

Le contraire a lieu si le crochet n'a pas été soulevé.

Avant l'invention du procédé auquel Jacquard a donné son nom, et dont les mécaniques d'armures sont des applications, il fallait qu'un jeune ouvrier tirât l'une après l'autre, suivant le dessin à produire, des cordes à chacune desquelles étaient suspendus les groupes, de fils de chaîne ayant le même mode de fonctionnement.

Pour cela, cet ouvrier se plaçait autrefois au-dessus du métier et ce fut un premier progrès de le placer sur le côté, en reliant aux lames, à l'aide de poulies de renvoi, les cordes sur lesquelles il agissait pour les faire mouvoir.

Dégraissage. — Foulage. — Apprêts.

Immédiatement après le tissage, il faut enlever les bouts de fils, nœuds, etc., qui se trouvent sur le tissu, et le brosser.

On le livre ensuite au dégraissage, qui a pour but d'enlever les traces d'huiles dont la laine a été imprégnée avant le louvetage; et les matières étrangères provenant de l'encollage, que l'on a fait subir aux fils de chaîne avant le tissage, pour les consolider.

Le dégraissage est obtenu par suite de la saponification de ces huiles, que l'on opère à l'aide d'une dissolution de cristaux de soude, pesant 5 degrés, il s'obtient aussi par l'emploi d'une dissolution de terre à foulon.

Dans les deux cas, le tissu est d'abord baigné dans le liquide, puis passé entre deux cylindres exprimeurs, pour retourner ensuite au bain, et ainsi de suite.

Pour obtenir ces différents résultats, on replie d'abord le tissu plusieurs fois sur lui-même dans le sens de sa largeur, puis on passe une de ses extrémités par-dessus un rouleau guide, d'où on la dirige vers une ouverture de forme ovale pratiquée dans une pièce de bois et ensuite entre les cylindres; après quoi cette extrémité de la pièce de tissu est cousue avec l'autre extrémité de cette même pièce, de façon que celle-ci ne forme plus qu'un long ruban sans fin.

L'ouverture de forme ovale, au travers de laquelle passe le tissu, le maintient replié sur lui-même en largeur; le cylindre supérieur est appuyé sur l'autre par son poids propre, augmenté par l'action de leviers chargés de poids, ou bien par celle de ressorts analogues aux ressorts de voitures.

Pendant le fonctionnement de l'appareil, le cylindre inférieur est animé d'un mouvement de rotation, qu'il communique au cylindre supérieur, et le tissu est entraîné entre eux.

Les organes mécaniques de cet appareil, ainsi que le tissu, sont renfermés entre des cloisons en bois, reliées par des bâtis en bois ou en fonte; ces cloisons sont assez étanches pour maintenir le liquide dégraisseur.

La cloison antérieure est percée d'une ouverture fermée par une porte à deux battants.

La cloison inférieure est réunie à celle d'arrière par un plan incliné, de forme curviligne, destiné à aider le tissu dans le mouvement de translation qui lui est donné par les cylindres exprimeurs.

Une dégraisseuse ou dégorgeuse doit travailler au moins deux pièces à la fois; il doit donc exister deux lunettes-guides, et il doit y avoir entre les cylindres exprimeurs deux pièces de tissu qui maintiennent le parallélisme de leurs axes, régularisant ainsi l'action du cylindre supérieur.

Le dégraissage doit être fait à fond.

Lorsqu'il n'est pas encore terminé, le tissu demeure raide au toucher, et porte à l'odorat.

La terre à foulon, que l'on peut employer au lieu de cristaux de soude, pénètre dans toutes les parties du tissu, et avec l'aide de l'eau entraîne l'huile pendant l'opération du rinçage (1).

Le fonctionnement de l'appareil emploie alors par seconde 6 à 8 litres d'eau, qui viennent en remplacer une même quantité devenue impure et expulsée au dehors.

Afin de faciliter l'écoulement des eaux, le plancher de l'atelier est de $0^m,25$ plus élevé que le sol sur lequel sont établies les dégraisseuses, et celui-ci a une pente, calculée dans le même but.

Lorsque le dégraissage est terminé, on opère le rinçage avec de l'eau pure, puis on fait sécher le tissu.

Pendant la belle saison, cette opération se pratique en l'accrochant à des châssis formés de poteaux plantés en terre et reliés entre eux à l'aide de traverses horizontales, en bois comme les poteaux, ou bien en l'étendant tout simplement sur l'herbe.

Les châssis employés pour le séchage vont être décrits succinctement après le foulage.

Le drap séché, on opère le rentrayage, opération par laquelle

---

(1) Il faut des précautions spéciales pour le rinçage, afin de ne pas produire le savon insoluble. Si l'eau est plus ou moins calcaire, il faut la faire arriver peu à peu, en commençant pour ainsi dire goutte à goutte, et en augmentant progressivement jusqu'à ouverture complète des robinets d'eau.

Il y a un robinet sous chaque pièce, à l'entrée sous les cylindres.

Certains industriels emploient pour dessavonner de l'eau rectifiée, et ils rincent à l'eau ordinaire; cette méthode, malgré son prix, tend à se généraliser.

on répare à la main à l'aide d'une aiguille et de fils, les défauts, du tissage.

Le foulage, que l'on opère ensuite, a pour but de donner du corps au tissu.

Par son action, les fibres se resserrent, leurs filaments s'enchevêtrent de toutes parts.

Le tissu, par suite, se contracte dans le sens de sa longueur, et aussi, en largeur.

C'est en mesurant ces contractions ou retraits, que l'on apprécie le degré de foulage obtenu.

Les appareils employés sont les fouleuses cylindriques et les fouleuses à maillets.

Les premières sont disposées dans certaines de leurs parties comme les dégraisseuses.

Le tissu passe d'abord au travers d'une lunette-guide, qui lui maintient, cette fois encore, la forme d'un long boudin, dont on coud ensemble les deux extrémités, après que l'une d'elles a été passée dans le chenal dont il va être fait mention.

Il passe ensuite entre deux cylindres, placés l'un au-dessus de l'autre; le cylindre supérieur agissant sur le cylindre inférieur par son poids propre, augmenté par l'action de ressorts, ou bien par celle de leviers chargés de poids.

L'action de ces cylindres foule le tissu dans sa largeur.

Il entre ensuite dans un chenal en bois, celui qui a été désigné ci-dessus, et dont les faces latérales et la face inférieure sont fixes, tandis que la face supérieure est mobile dans l'intérieur de l'espace limité par les trois autres.

Cette face supérieure, en bois elle aussi, est pressée sur le tissu qui passe dans le chenal, à l'aide de ressorts, ou bien à l'aide d'un système de leviers chargés de poids.

L'action des cylindres pousse le drap dans le chenal, où il s'agglomère devant la face mobile ou sabot qu'il est obligé de soulever, tout en recevant de lui une pression qui produit le foulage dans le sens de la longueur.

La pile à maillets a été bien perfectionnée il y a quelques années; son principe réside dans l'emploi de pilons en bois, sorte de lourds maillets, mûs mécaniquement.

Ceux-ci, ordinairement au nombre de deux, sont soulevés alternativement, puis retombent sur le drap, ramassé dans une auge de forme spéciale, et y changeant de position de manière que toutes ses parties reçoivent également l'action des maillets.

Le foulage est une opération qui doit être surveillée de près.

On doit, en le pratiquant, redouter les déchirures du tissu, les plissages, l'altération des nuances, etc. (1).

Il se pratique dans les mêmes usines que le dégraissage, mais une fouleuse emploie beaucoup moins d'eau qu'une dégraisseuse.

Le degré de contraction ou de retrait qu'il produit varie, comme il a été dit précédemment, suivant les articles à établir.

Certains draps, tissés à la largeur de 2^{m},30, n'ont plus que 1^{m},60 après le foulage.

Celui-ci doit livrer le drap un peu plus court et plus étroit que les dimensions définitives à obtenir, afin que l'on soit obligé de tendre la pièce et de lui donner par là des dimensions régulières, quand le moment sera venu de la ramer.

Le foulage du drap est nécessairement terminé par un lavage ; le drap est ensuite ramé, c'est-à-dire à la fois séché et tendu dans les deux sens, comme il a été dit ci-dessus.

Il est préférable, quand on le peut, de faire cette opération à l'air libre et à l'ombre; on emploie alors des châssis verticaux formés de montants en bois, reliés par des barres horizontales fixes, placées à environ 1^{m},80 au-dessus du sol et par une barre horizontale composée d'une suite de barres mobiles réunies entre elles par des articulations.

(1) Pour éviter l'altération des nuances provenant de l'élévation de température, on a installé des ventilateurs réfrigérants qui atteignent le résultat cherché. Une belle application de ce procédé a été faite dernièrement.

Cette barre composée a sa place vers la partie inférieure des châssis, à une distance de la barre fixe déterminée par la largeur à donner au drap.

La barre fixe et la série de barres mobiles sont armées de picots en fer, auxquels on accroche le drap par ses lisières. De manière qu'on obtient la tension transversale en agissant ensuite sur les barres mobiles, dès que l'on a terminé l'accrochage, à l'aide d'un levier spécialement disposé pour cette opération.

Chaque articulation de la barre mobile se trouve placée devant un des montants en bois de l'appareil, auquel on fixe cette barre à l'aide de chevilles, à mesure qu'on rencontre ces montants pendant la manœuvre au levier, destinée à donner au drap la largeur voulue.

Un châssis vertical, mobile entre les barres horizontales ci-dessus désignées, est, lui aussi, armé de petites pointes auxquelles on fixe l'extrémité de la pièce de drap, opposée à celle par laquelle on a commencé l'opération, de manière qu'en agissant par traction sur ce chassis, on agisse en même temps sur la pièce dans le sens de sa longueur.

L'installation doit nécessairement être orientée, de manière à faire profiter du vent sec, dont l'action doit enlever toute l'humidité contenue dans le drap.

Les opérations, telles qu'elles viennent d'être indiquées, sont effectuées par trois ouvriers, dont un conducteur et deux aides.

Les machines à ramer sont composées dans leurs parties essentielles par un espace clos, long d'environ 14 mètres, dans lequel circule la pièce de drap, accrochée par ses lisières à des crochets saillants sur des chaînes sans fin.

Celles-ci sont disposées parallèlement l'une à l'autre.

Elles peuvent être à volonté écartées plus ou moins dans le sens transversal.

Enfin elles sont animées d'un mouvement de translation

qu'elles communiquent au drap, de sorte que celui-ci parcourt l'appareil dans toute sa longueur, puis revient au point de départ.

Le chauffage est disposé à la partie inférieure.

Deux cheminées d'aspiration, placées à la partie supérieure, attirent l'air humide, pendant que des ventilateurs projettent l'air sec, renouvelé et chauffé, vers les différentes parties du drap.

A la suite du foulage, il faut pratiquer les diverses opérations dont l'ensemble porte plus particulièrement le nom d'apprêts.

Elles consistent d'abord dans le lainage du drap, qui se fait à l'aide de machines nommées laineries, composées essentiellement d'un tambour garni de têtes de chardons et de deux ensouples disposées, l'un au-dessus, l'autre au-dessous du tambour.

Le tambour est animé d'une vitesse de rotation d'environ cent tours par minute. Le drap, enroulé d'abord sur l'ensouple inférieure, vient s'enrouler autour de l'ensouple supérieure, recevant pendant son trajet l'action des chardons du tambour, contre lesquels il est plus ou moins appuyé au passage à l'aide d'un rouleau tendeur.

L'action des chardons amène à la surface du tissu les filaments qui viennent d'être feutrés dans tous les sens, les débrouille, les redresse et les prépare pour le tondage.

Une lainerie est conduite par deux ouvriers qui maintiennent le drap par les lisières, quand celles-ci sont mauvaises, ou trop raides, ou roulées. Autrement un seul ouvrier suffit.

Une même pièce de drap doit subir plusieurs fois l'opération du lainage; et chaque lainage comporte un certain nombre de passages de la pièce entière au contact des chardons du tambour.

Le drap venant du cylindre inférieur a donc été s'enrouler sur le cylindre supérieur, ce qui constitue un premier tour de lainerie, il en opère un second, en se dirigeant du cylindre supérieur vers le cylindre inférieur, et ainsi de suite.

A mesure que le drap s'enroule sur un des cylindres, sa tension autour du tambour augmenterait, si l'on n'avait soin de desserrer le frein qui agit sur l'autre cylindre. Cette manœuvre s'opère à la main, à l'aide d'un organe mécanique spécial (1).

Pour être lainé, le drap doit être mouillé. On le fait, en conséquence, baigner d'abord pendant environ une demi-heure, dans un bac plein d'eau; puis on le fait égoutter; car, s'il était trop mouillé, il communiquerait de l'humidité aux chardons, ce qui les ramollirait et les empêcherait d'agir convenablement.

Pour le dernier lainage, ou gîtage, dont il sera parlé ci-après, le drap est en outre arrosé, lors de son passage sur la lainerie, à l'aide d'une série de filets d'eau, lancés par un tuyau percé de trous.

Ce tuyau est pour cela mis en communication avec un bac rempli d'eau, placé à une certaine hauteur, pour que l'eau ait de la pression.

Le premier lainage comporte vingt-cinq à trente tours de lainerie, ou passages du drap au contact des chardons.

Il débrouille un peu les filaments qui viennent d'être feutrés dans tous les sens, et il retire les filaments rompus qui sont à la surface.

On peut l'exécuter immédiatement après le foulage, et ne faire qu'ensuite le séchage, qui a été précédemment décrit et indiqué comme devant suivre le foulage immédiatement.

Ce séchage fait, il faudra une première fois tondre le drap, à l'aide de la machine nommée *tondeuse*.

Avant de décrire sommairement celle-ci, nous devons revenir à la lainerie :

Les chardons employés pour le lainage sont fixés à des châs-

---

(1) Il existe des laineries à un seul cylindre garni de chardons, dans lesquelles le drap marche d'une manière continue. — Il existe aussi des laineries continues à deux cylindres garnis de chardons. On peut faire travailler les cylindres en sens inverse pour activer le travail au début, et dans le même sens pour finir. Enfin, il existe des laineries qui sont disposées pour n'employer que des chardons métalliques.

sis ou croisées, que l'on agrafe ensuite aux douves en fer du tambour.

Pour les dix premiers tours, on emploie ordinairement des chardons à demi usés; et, si on n'a que des chardons neufs, il faut les mouiller pour ces dix premiers tours.

Pour opérer les dix tours suivants, on retourne préalablement la moitié des croisées. Pour les dix derniers tours, on retourne les autres croisées; de manière que pendant les dix premiers tours, les chardons ont travaillé sur la moitié environ de leur surface, et que, après les vingt derniers tours, ils ont tous travaillé sur leur surface entière.

Il faut faire soigneusement le montage des têtes de chardons. Elles doivent être disposées de manière à présenter toutes la même surface tangentielle à la pièce de drap (1).

La tondeuse, à laquelle le drap est livré après le séchage, est composée essentiellement d'un cylindre en fer, diamètre environ $0^{m},080$, armé de lames en acier (ordinairement au nombre de dix), qui sont enroulées sur lui en hélices, de pas très allongé.

L'axe de ce cylindre est parallèle à une pièce en fonte, nommée table, sur laquelle passe le drap, dont la tension est bien maintenue, en longueur et en largeur.

Immédiatement au-dessus du drap, se trouve une lame d'acier fixe, ayant pour longueur la largeur du tissu.

Cette lame, nommée lame femelle, a un de ses champs taillé et affûté en biseau allongé.

Le cylindre tourne tangentiellement à elle, et par rapport à celle-ci, les lames hélicoïdales de celui-là se comportent comme font entre elles les deux branches d'une paire de ciseaux; c'est ainsi que sont coupés les filaments qui dépassent la surface du drap.

---

(1) Le mouvement de va-et-vient, dont le cylindre à chardons est animé, compense un peu les défectuosités du montage des chardons et diminue le rayonnement qui pourrait en résulter.

Celui-ci est entraîné automatiquement dans sa longueur.

Pendant ce temps sa surface doit être maintenue bien rigide, surtout vers la ligne d'action du tondage.

Pour cela des organes tendeurs agissent sur lui, unissant leur action à celle de la pièce en fonte précitée, que l'on nomme table ou contre-couteau, et qui se trouve placée au-dessous de la ligne d'opération du tondage.

Les lames hélicoïdales, ainsi que la lame fixe, doivent être soigneusement affûtées.

Pour opérer cet affûtage, on enduit la lame fixe d'une légère bouillie, faite d'huile et d'émeri fin; puis on fait tourner le cylindre porte-lames en sens contraire de sa marche ordinaire, ce qui s'obtient par un simple croisement de sa courroie motrice.

On doit, pendant cette opération, verser de temps à autre quelques gouttes d'huile sur les lames du cylindre. Le bizeau de la lame fixe a environ $0^{m},009$ de largeur.

Outre son mouvement de rotation, le cylindre pendant l'affûtage est animé d'un mouvement de va-et-vient longitudinal c'est-à-dire dans le sens de son axe.

On reconnaît que les lames sont en état de fonctionner lorsquelles peuvent, sur tout leur parcours, couper nettement une feuille de papier que l'on place entre elles à titre d'essai :

Pendant que s'opère le tondage du drap, celui-ci doit pouvoir passer librement entre le contre-couteau, qui est fixe, et la lame fixe. La longueur du contre-couteau est réglable. Elle ne doit être que de la largeur du drap, moins les lisières, celles-ci ne doivent pas être tondues.

Lorsqu'on place une pièce de drap sur la machine, il faut, avant de mettre en marche, que l'on puisse voir le jour entre le drap et la lame fixe.

Si ensuite on trouve que le tondage se fait d'une manière trop faible, on peut diminuer légèrement, à l'aide de vis de réglage, la distance entre les lames et le drap.

Pendant la marche, celui-ci est maintenu à la main par deux

hommes, dont l'un est placé à droite, l'autre à gauche de la machine.

Il faut de temps à autre donner à la lame fixe un coup de pierre à huile. Quand on tond des draps chauds, cette opération doit se renouveler plus souvent. L'appareil tondeur est disposé de manière à la faciliter, c'est-à-dire qu'elle peut être pratiquée sans causer de déréglage.

La vitesse rotative du cylindre à lames est d'environ 400 tours par minute. Au-dessus de lui se trouvent deux pièces de molleton, imbibées d'huile, qui le lubrifient pendant son fonctionnement.

Outre les organes qui viennent d'être indiqués, la tondeuse comporte une brosse cylindrique, tournant tangentiellement à l'envers du drap. Son action enlève la bourre qui s'y trouve, et la projette dans un auget disposé pour la recevoir.

Une autre brosse cylindrique, animée elle aussi d'un mouvement de rotation, agit sur le drap, à sa surface d'endroit, afin de ramener tous les filaments dans le même sens.

Enfin un appareil plieur, très simple, dispose le drap de manière qu'un ouvrier puisse facilement le prendre dans ses bras et l'emporter quand l'opération sera terminée.

Le déchet, ou tontisse, résultant du tondage, est employé à divers usages; notamment pour garnir les tissus de qualités inférieures, ce qui se fait alors pendant le foulage (1).

Le nombre des passages d'une même pièce à la tondeuse varie avec la finesse du drap à obtenir.

Un drap pour vêtements de soldats peut n'être lainé et tondu qu'une seule fois; tandis qu'un drap pour vêtements d'officiers subira jusqu'à cinq et six fois cette double opération.

---

(1) Exemples : Draps fabriqués avec des fils de chaîne en coton et avec des fils de trame en laine, foulés jusqu'à refus avec la bourre de tondeuse. Ces tissus ont l'apparence de draps très forts et peuvent être vendus à bon marché. Leur application à l'habillement des troupes, lorsqu'elle a lieu, est une chose déplorable. On peut les reconnaître en mettant à nu la chaîne et la trame.

Un tondage est composé de plusieurs passages du drap sous l'action du cylindre à lames hélicoïdales.

Par prudence, on prend très peu à la fois.

Le premier tondage est suivi du second lainage, qui se pratique sur le drap préalablement mouillé, et qui comporte environ 60 tours, quand il s'agit de draps fins, et 40 pour les draps ordinaires.

Les vingt premiers tours sont donnés avec des chardons dans toute leur force, on retourne la moitié des croisées pour opérer les vingt tours suivants; et enfin le reste des croisées pour les vingt derniers tours, pendant que l'on remplace, par des chardons neufs, ceux des croisées qui avaient été retournées précédemment.

Ce lainage est donc aussi énergique qu'il est possible.

Il est suivi, d'abord par un séchage, puis par un second tondage, composé de quatre ou cinq passages du drap sur l'appareil.

On doit tondre peu à la fois, en surveillant attentivement les fils du fond, qui ne doivent pas trop se dégarnir.

Ensuite on fait subir au drap l'action de la presse à chaud, qui empêche les filaments de se relever et de friser à sa surface.

On presse cinq à six pièces à la fois, à l'aide d'une presse hydraulique.

On procède, soit en repliant le drap sur lui-même, d'abord en largeur, puis en longueur, et en intercalant à chaque pliage une feuille de carton chauffé, de manière que toutes les parties du drap soient en contact avec du carton chauffé ; cette méthode nécessite l'emploi d'un appareil à chauffer les cartons.

Ou bien en plaçant au-dessous de la pièce inférieure une plaque de fonte chauffée, couverte par une plaque de bois, puis en disposant, entre deux pièces consécutives une plaque chauffée précédée et suivie par une plaque de bois, et en plaçant enfin, au-dessus de la pièce supérieure, une plaque de bois d'abord, et ensuite une plaque de fonte chauffée.

Le drap acquiert, par l'action de la presse, un brillant qui est en raison directe de l'énergie de la pression, ainsi que de sa durée (1).

Une pile de draps, ayant pour hauteur 3 mètres, peut être réduite à 2^{m},700 et même à moins par la pression.

Quand on est arrivé au raccourcissement voulu, on emboîte la pile de draps dans de fausses presses, qui sont composées de brides horizontales, réunies par des boulons verticaux.

On peut ainsi la sortir de la presse et utiliser celle-ci pour d'autres draps, c'est-à-dire que, de cette façon, la pression se maintient pendant le temps voulu, sans que la presse soit exclusivement occupée par la même série de pièces.

Le brillant ainsi obtenu est très vif, mais il n'est pas fixe. Une goutte d'eau suffirait pour produire une tache.

On supprime cet inconvénient en pratiquant le décatissage, qui a pour but de donner au drap un brillant ou cati moins vif, mais plus durable que le précédent.

On distingue le décatissage dit indestructible, ainsi nommé parce qu'il donne au tissu un brillant que l'eau ou l'humidité n'altèrent pas, et le décatissage simple qui enlève presque entièrement le brillant qui résultait du pressage à chaud, laissant au tissu un ton mat, que l'eau et l'usure ne tacheront pas.

On obtient le premier avec l'aide d'une presse spéciale nommée presse à décatir, qui combine la pression avec l'action de la vapeur d'eau bien sèche. Le second est obtenu à l'aide de la table à décatir, sans pression, ou plutôt du décatissage sans plis.

(1) Pour certaines étoffes, on pratique le cylindrage continu, pour remplacer la presse, et ne pas avoir de plis. C'est un bel apprêt, moins durable cependant que celui de la presse. L'étoffe chemine, fortement pressée, par un cylindre tournant dans une cuvette en fonte bien polie, et chauffée à la vapeur.

Il y a plusieurs sortes de ces appareils, et les procédés employés varient avec les divers apprêteurs. Ils doivent être appliqués avec beaucoup de soins.

Pour le décatissage indestructible, l'un des appareils employés consiste dans une sorte de caisse en fonte, ouverte à sa partie supérieure, et possédant à l'intérieur, à quelque distance du fond, un grillage horizontal sur lequel on place une plaque perforée en cuivre, ayant environ $1^{m},60$ de long sur $0^{m},80$ de large.

Sur cette plaque, on dispose d'abord une toile grossière, (toile d'emballage), puis trois ou quatre épaisseurs de molleton, au-dessus desquelles on dispose quatre à cinq pièces de drap, convenablement pliées; puis un nouveau groupe d'épaisseurs de molleton, surmonté d'une toile d'emballage, recouverte à son tour par une plaque de bois.

Or il y a, faisant corps avec la caisse en fonte, deux colonnettes, dont une de chaque côté, et filetées à leur partie supérieure, de manière qu'on puisse les faire entrer toutes deux à la fois au travers de trous percés dans une même pièce de fer, après quoi on vissera à chaque tige un écrou et un contre-écrou, qui empêcheront cette pièce ou sommier de remonter.

Ce sommier est percé en son milieu pour recevoir un remboîtage fileté, formant écrou pour une vis de pression mue à l'aide d'un levier, et agissant sur la pièce de bois qui recouvre les pièces de drap, c'est-à-dire sur toutes celles-ci.

En même temps on envoie dans la caisse, au-dessous de la plaque perforée, de la vapeur qui doit être bien sèche, car la vapeur humide ferait des taches. — Si on voulait simplement décatir le drap, sans lui donner de brillant, il faudrait n'agir que faiblement par pression, pendant l'action de la vapeur.

En procédant ainsi sur des draps pliés, ceux-ci gardent les traces du pliage; ce qui peut être évité, soit en ne pressant pas jusqu'au point où le pliage est fait, soit mieux, en employant au lieu de la caisse, un cylindre creux à axe horizontal, fermé à ses extrémités par des fonds (indestructible sans plis).

Cet appareil est fixe. Son enveloppe cylindrique est en cuivre perforé.

Par les trous de celle-ci, tend à s'échapper la vapeur qui arrive dans le cylindre par un de ses tourillons.

La surface cylindrique est d'abord recouverte de plusieurs épaisseurs de molleton, puis de draps soigneusement enroulés et tendus, qui sont à leur tour recouverts d'une série d'épaisseurs de molleton.

Il est indispensable que la vapeur pénètre toutes les parties du drap, et que cette vapeur soit parfaitement sèche, car la vapeur humide ferait des tâches, tout comme en ferait aussi l'eau de condensation.

De là, l'emploi des molletons qui, placés extérieurement empêchent la condensation de se produire au contact de l'air, et qui, placés près de l'arrivée de la vapeur, régularisent son action.

L'enroulement du drap sur le cylindre se fait, l'endroit en dehors, à l'exception de la pièce la plus éloignée du centre, qui s'enroule, l'endroit en dedans.

Ce procédé évite les plis, il donne moins de brillant que le précédent.

On peut employer, au lieu d'un cylindre fixe à axe horizontal, un cylindre mobile, construit à peu près comme le précédent, sur lequel on enroule d'abord le molleton et le drap, puis le molleton, et qu'on dispose ensuite verticalement sur un appareil spécial à l'aide duquel on opère l'injection de la vapeur.

On évite ainsi davantage, de tacher le drap avec l'eau de condensation.

Quand le drap a été bien refroidi sur l'appareil dont la vapeur a été enlevée, on lui fait subir encore un lainage nommé gîtage. On procède alors avec du chardon très faible, et pendant ce lainage qui comporte une trentaine de tours, on fait fonctionner en plein l'arrosoir, dont l'eau, après avoir mouillé le drap, découle salie par les impuretés qu'elle entraîne.

Avant le gîtage, on a dû peser la pièce de drap et la mesurer.

Si le poids par mètre que l'on a trouvé est plus grand que celui à obtenir, il faudra allonger la pièce en agissant sur elle par traction, lors du ramage qui se pratique après le gîtage, c'est-à-dire au point où en est arrivé le travail. Le drap devra alors rester accroché pendant plusieurs heures, même après qu'il sera sec, afin de combattre le retrait (1).

Après ce ramage, la pièce est encore une fois passée à la tondeuse, qui opère en même temps le brossage, ainsi que cela a été dit ci-dessus.

Le brillant dit indestructible, qui lui a été donné précédemment, a l'inconvénient de disparaître par places, à l'usure ; pour cette raison, ou bien parce que l'on se propose d'obtenir une nuance mate, on soumet alors le drap au décatissage simple, qui s'opère à l'air libre.

On emploie pour cela un appareil composé d'un tube percé de trous nombreux. Ce tube est disposé horizontalement, il n'est percé de trous qu'à sa partie supérieure. Le drap passe au-dessus de lui sans le toucher ; le tube est disposé dans le sens de la largeur du drap, et celui-ci, maintenu par ses lisières, est attiré dans le sens longitudinal, de manière que sa surface entière passe au-dessus du tube, dans lequel, pendant que

---

(1) Ce système a un grave défaut. Le drap peut reprendre, à l'usage, les dimensions du foulage.

Aujourd'hui on pratique généralement le décatissage rame comme opération finale. Pendant que le drap chemine, accroché aux lisières, on lui injecte de la vapeur dont l'action l'aide à obéir. Cette opération est bonne quand on ne tire pas trop en longueur et en largeur, mais elle est mauvaise pour le consommateur si on en profite pour allonger et élargir l'étoffe.

s'effectue ce passage, on lance un jet de vapeur bien sèche. Cette vapeur s'échappe par le perforage et va pénétrer le drap.

S'il arrivait que la vapeur ne soit pas assez sèche, on devrait interposer un tissu clair entre le drap et le jet de vapeur. Le drap ne devrait pas toucher ce tissu, au contact duquel il pourrait se tacher.

Cet appareil comporte aussi une brosse rotative, dont l'axe est dirigé dans le sens de la largeur du drap, il est muni d'un plieur automatique, qui le dispose à sa sortie, de manière qu'un ouvrier puisse le prendre facilement dans ses bras.

Quand cette opération est terminée, il faut éventer la pièce, qui est un peu humide. Dans cet état, elle pourrait prendre de faux plis, il faut donc éviter toute action qui pourrait en produire.

Elle doit être ensuite livrée à l'épincetage, opération par laquelle une ouvrière, armée de pinces très fines, enlève les impuretés, brins de pailles, graterons, etc., qui peuvent la souiller.

Puis on procède au débarrage, qui consiste à corriger les défauts de nuançages, à l'aide de crayons de couleur, ou mieux, à l'aide de pinceaux fins et de couleurs.

Enfin on opère le mesurage et le pliage de la pièce.

Il ne reste plus ensuite qu'à la livrer au commerce.

NOTICE COMPLÉMENTAIRE

SUR L'ÉPAILLAGE CHIMIQUE DES LAINES ET DES DRAPS

L'épaillage chimique des laines et des draps peut être pratiqué à l'aide de deux procédés distincts :

1° Par les acides, lorsqu'on traite des laines avant la teinture, ou des draps en blanc ; ou bien des laines ou des draps teints par l'indigo, que l'acide ne fait pas virer ;

2° Par les chlorures qui permettent de traiter des laines ou des draps teints en nuances dites petit teint.

Épaillage des laines par l'acide.

L'acide sulfurique est le plus fréquemment employé.

Le bain peut marquer depuis 2 jusqu'à 6° au pèse-acide Beaumé.

Il est contenu dans des cuves en bois, ou dans des cuves en maçonnerie cimentée, garnies ou non avec du plomb.

Le trempage doit être fait jusqu'à complète imbibition.

Afin de ne pas détériorer la matière, laine, ou blousse (déchets provenant du peignage), il est préférable d'être économe de manipulation.

On la renferme en conséquence dans des sacs en laine ou en crin, puis on la fait tremper longuement (pendant trois ou quatre heures par exemple), après quoi on la retire du bain, on la laisse égoutter, puis on l'essore à fond.

L'essoreuse employée, doit avoir son panier tournant en cuivre rouge et tout ce qui est fer ou fonte, garanti par un doublage en plomb.

On procède ensuite au séchage, qui peut être obtenu par les procédés ordinaires :

Sécheries sur tabliers fixes, avec hélice aspirante,

Sécheries à tiroirs mobiles, également avec hélice,

Sécheries à tabliers mobiles et à soufflerie d'air chaud, ou même sécheries à l'air libre.

Jusqu'ici l'épaillage n'est pas encore effectué.

Il reste à soumettre pendant quelque temps, la laine à l'action d'une haute température (80 à 100°).

Suivant le mode de séchage dont on dispose, il faut donc prendre ses dispositions en vue de ce résultat.

Les sécheries à tabliers fixes, dont on suspend la marche de l'hélice, permettent d'épailler à la plus basse température.

Celles à tiroirs mobiles, ou à tabliers mobiles, ont besoin d'une plus haute température; l'opération devant s'y faire dans un temps moindre.

On reconnaît que celle-ci est terminée, quand toutes les substances végétales sont noires, et friables sous les doigts.

Il convient alors de faire passer les matières épaillées, encore chaudes, dans une batterie écraseuse, sous l'action de laquelle les substances végétales se désagrègent.

On s'expose à des mécomptes en négligeant cette opération.

Il faut ensuite procéder au désacidage.

S'il s'agit de laines ou de blousses qu'on ne veuille pas fatiguer, on les tasse régulièrement dans des cuves en bois, puis on fait arriver de l'eau qui se déverse sur elles par une pomme d'arrosoir, et qui s'écoule par la partie inférieure, en entraînant l'acide.

Cette opération est longue, quand on la veut bien complète.

Sa durée dépend nécessairement de la quantité traitée à la fois.

La laine est ensuite livrée à la teinture.

Quand on épaille des déchets, des chiffons, ou des laines très chargées de chardons, les bains doivent être au maximum, ainsi que la température.

L'écrasage et le battage sont de rigueur, ainsi que le désacidage à fond.

On peut épailler les laines teintes par les chlorures, mais généralement on préfère les épailles à l'acide, avant teinture.

La température étant moindre par ce procédé, la laine conserve mieux ses qualités et sa souplesse.

Épaillage des draps blancs ou bleu indigo par l'acide sulfurique.

L'épaillage des draps blancs, ou bleu indigo, se fait en cours d'apprêts, le drap étant foulé, et généralement ayant subi un lainage et un tondage.

Cet épaillage comporte les mêmes phases que celui de la laine.

Le trempage s'opère dans une cuve contenant le bain, et portant deux cylindres en bois, comme une dégorgeuse.

L'étoffe est pressurée entre les deux cylindres jusqu'à complète imbibition, ensuite on procède à l'essorage, puis au séchage au large et à la carbonisation.

La machine la mieux appropriée pour ce travail fait cheminer l'étoffe verticalement de bas en haut, et de haut en bas, sur des rouleaux commandés, et renfermés dans un local bien clos et chauffé, divisés en deux compartiments.

Dans le premier, la température est d'environ 80°, c'est là que s'opère le séchage; dans le deuxième compartiment, plus court que le premier, la température atteint 100 à 120°, c'est à ce moment que s'opère la carbonisation.

L'étoffe, en sortant, laisse apercevoir tous les fragments végétaux complètement noirs et transformés.

On procède au désacidage par un lavage à l'eau dans une dégorgeuse ordinaire.

Épaillage des draps teints en petit teint avec les chlorures d'alumine, de magnésie, etc.

Le bain est préparé à 6 ou 8° Beaumé.

Le trempage se fait comme pour l'acide, en prenant toutefois la précaution d'avoir en usage le moins de bain possible, afin de le renouveler souvent; autrement le bain se neutralise et se coagule.

L'essorage peut être pratiqué sans inconvénients à l'aide d'une essoreuse ordinaire.

Le séchage et la carbonisation peuvent être pratiqués à l'aide d'une machine analogue à celles employées pour l'épaillage à l'acide; sauf toutefois que la température du second compartiment doit atteindre 130 à 140°.

Avec l'un et l'autre procédés, l'étoffe doit séjourner pendant environ trente minutes dans l'appareil, — ce temps étant compté depuis l'entrée de l'étoffe jusqu'à la sortie.

Le lavage se fait à l'eau pure, ou légèrement additionnée d'ammoniac (3 à 4 0/0 du poids de l'étoffe).

Ce genre d'épaillage est moins énergique que celui opéré à l'acide sulfurique; il se pratique avant le foulage.

Certaines fabrications communes épaillent même les draps tels qu'ils sont au sortir du tissage, c'est-à-dire imprégnés encore des huiles provenant de l'ensimage.

Les fabrications soignées ne font cette opération qu'après le dégraissage, et avant le foulage.

L'épaillage est un sérieux progrès, qui a mis en valeur des matières premières délaissées, et qui a presque anéanti l'épincetage.

Certaines maisons cependant se refusent à l'appliquer, celles surtout qui font les articles fins.

Si l'opération est bien conduite, elle présente peu ou point d'inconvénients.

Mais il n'en est pas de même si elle laisse à désirer sur quelque point.

L'épaillage de la laine rend le cardage et la filature plus difficiles; parce qu'il lui retire une partie de sa souplesse.

L'épaillage des draps en écrus dégraissés, rend le foulage plus laborieux. Le foulage peut même devenir impossible, lorsque l'épaillage a été fait avant le dégraissage. — Enfin, l'épaillage des draps foulés rend le désacidage difficile, et, s'il n'a pas été opéré avec tous les soins voulus, l'étoffe porte en elle un germe de destruction qui fera son œuvre sûrement.

TABLE DES MATIÈRES

PREMIÈRE PARTIE

DEUXIÈME PARTIE

PLANCHES

IMPRIMERIE CENTRALE DES CHEMINS DE FER. — IMPRIMERIE CHAIX.
RUE BERGÈRE, 20, PARIS. — 16466-7-8.

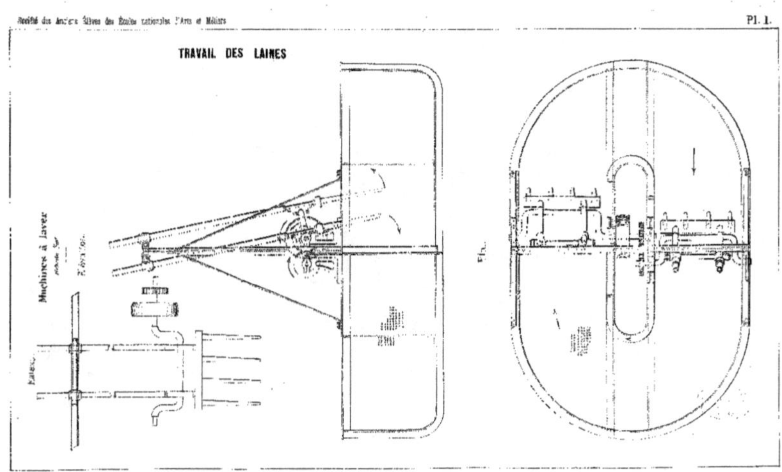
Société des Anciens Élèves des Écoles nationales d'Arts et Métiers
Pl. 1.
TRAVAIL DES LAINES
Machines à laver

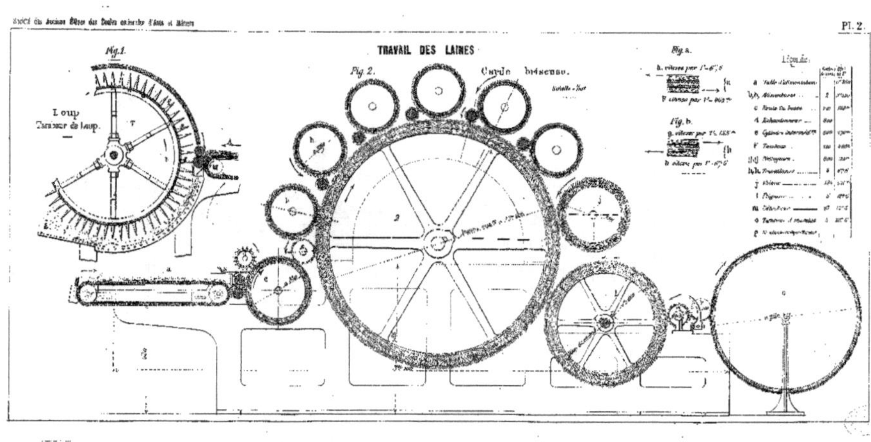

Pl. 2.
TRAVAIL DES LAINES
Fig. 1.
Loup
Tambour de loup.
Fig. 2.
Carde briseuse.
Fig. a.
Fig. b.

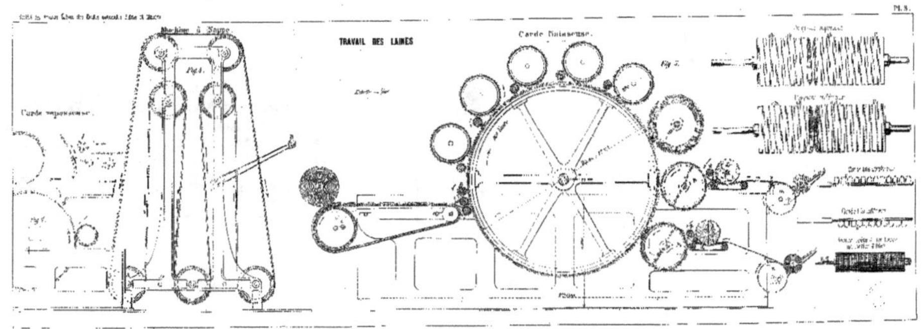
Machine à Nappe.
Fig. 1.
TRAVAIL DES LAINES
Carde finisseuse.
Fig. 2.
Pl. 8.

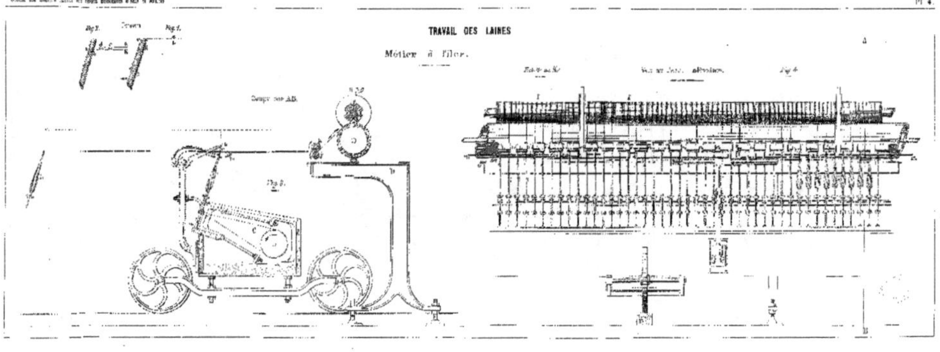
TRAVAIL DES LAINES
Métier à filer.
Coupe sur AB.
A

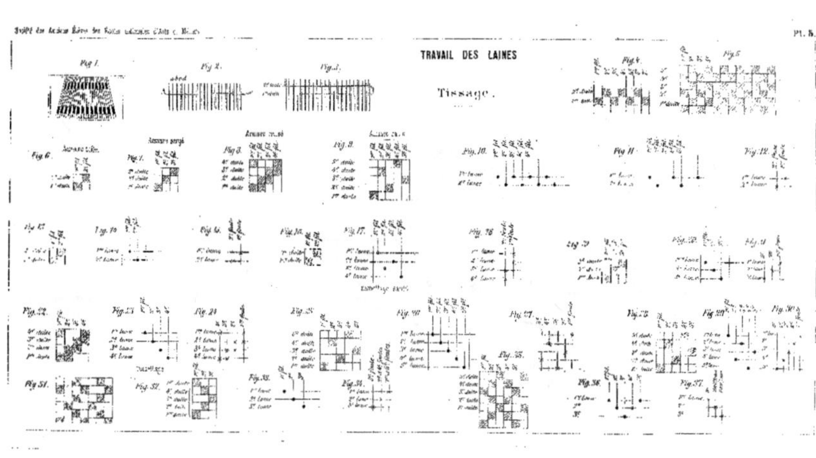
Pl. 5.
TRAVAIL DES LAINES
Tissage.
Fig. 1.
Fig. 2.
Fig. 3.
Fig. 4.
Fig. 5.
Armure sergé
Fig. 6.
Fig. 7.
Fig. 8.
Fig. 9.
Fig. 10.
Fig. 11.
Fig. 12.

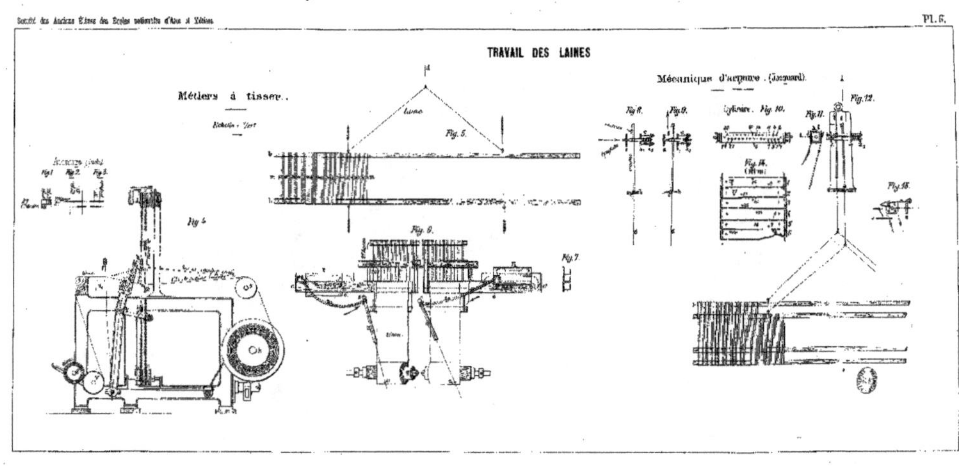
Pl. 6.
TRAVAIL DES LAINES
Métiers à tisser.
Mécanique d'armure. (Jacquard).
Fig. 5.
Fig. 6.
Fig. 7.
Fig. 8.
Fig. 9.
Fig. 10.
Fig. 11.
Fig. 12.
Fig. 14.
Fig. 15.

www.ingramcontent.com/pod-product-compliance
Lightning Source LLC
LaVergne TN
LVHW050422160826
845677LV00002BA/492

* 9 7 8 2 3 2 9 7 3 2 9 7 8 *